MP3 다운로드 방법

컴퓨터에서
- 네이버 블로그 주소란에 **www.lancom.co.kr** 입력 또는 네이버 블로그 검색창에 **랭컴**을 입력하신 후 다운로드

- **www.webhard.co.kr**에서 직접 다운로드
  - 아이디 : lancombook
  - 패스워드 : lancombook

스마트폰에서
콜롬북스 앱을 통해서 본문 전체가 녹음된 **MP3** 파일을 **무료**로 **다운로드**할 수 있습니다.

- 구글플레이・앱스토어에서 **콜롬북스 앱** 다운로드 및 설치
- 회원 가입 없이 원하는 도서명을 검색 후 **MP3 다운로드**
- 회원 가입 시 더 다양한 **콜롬북스** 서비스 이용 가능

원하시는 책을 바로 구매할 수 있습니다.

전체 파일을 한 번에 저장할 수 있습니다.

▶ mp3 다운로드
www.lancom.co.kr에 접속하여 **mp3**파일을 무료로 다운로드합니다.

▶ 우리말과 중국인의 1 : 1 녹음
책 없이도 공부할 수 있도록 중국인 남녀가 자연스런 속도로 번갈아가며 중국어 문장을 녹음하였습니다. 우리말 한 문장마다 중국인 남녀 성우가 각각 1번씩 읽어주기 때문에 한 문장을 두 번씩 듣는 효과가 있습니다.

▶ mp3 반복 청취
교재를 공부한 후에 녹음을 반복해서 청취하셔도 좋고, 중국인의 녹음을 먼저 듣고 잘 이해할 수 없는 부분은 교재로 확인해보는 방법으로 공부하셔도 좋습니다. 어떤 방법이든 자신에게 잘 맞는다고 생각되는 방법으로 꼼꼼하게 공부하십시오. 보다 자신 있게 중국어를 할 수 있게 될 것입니다.

▶ 정확한 발음 익히기
발음을 공부할 때는 반드시 함께 제공되는 mp3 파일을 이용하시기 바랍니다. 중국어를 배울 때 듣는 것이 중요하다는 것은 두말할 필요가 없습니다. 오랫동안 자주 반복해서 듣는 연습을 하다보면 어느 순간 갑자기 말문이 열리게 되는 것을 경험할 수 있을 것입니다. 의사소통을 잘 하기 위해서는 말을 잘하는 것도 중요하지만 상대가 말하는 것을 정확하게 듣는 것이 더 중요하다고 합니다. 활용도가 높은 기본적인 표현을 가능한 한 많이 암기할 것과, 동시에 중국인이 읽어주는 문장을 지속적으로 꾸준히 듣는 연습을 병행하시기를 권해드립니다. 듣는 연습을 할 때는 실제로 소리를 내어 따라서 말해보는 것이 더욱 효과적입니다.

쓰면서
말해봐
중국어회화
기본편

쓰면서 말해봐 중국어회화 기본편

2017년 12월 10일 초판 1쇄 인쇄
2024년 02월 10일 초판 9쇄 발행

지은이 송미경
발행인 손건
편집기획 김상배, 장수경
마케팅 이언영
디자인 이성세
제작 최승용
인쇄 선경프린테크

발행처 **LanCom** 랭컴
주소 서울시 영등포구 영신로38길 17
등록번호 제 312-2006-00060호
전화 02) 2636-0895
팩스 02) 2636-0896
홈페이지 www.lancom.co.kr
이메일 elancom@naver.com

ⓒ 랭컴 2017
ISBN 979-11-88112-36-4 13720

이 책의 저작권은 저자에게 있습니다. 저자와 출판사의 허락없이
내용의 일부를 인용하거나 발췌하는 것을 금합니다.

쓰면서 말해봐 중국어회화

Write and Talk!

기본편

송미경 지음

LanCom
Language & Communication

 들어가며

중국어회화를 위한 4단계 공부법

읽기 듣기 말하기 쓰기 4단계 중국어 공부법은 가장 효과적이라고 알려진 비법 중의 비법입니다. 아무리 해도 늘지 않던 중국어 공부, 이제 **읽듣말쓰 4단계** 공부법으로 팔 걷어붙이고 달려들어 봅시다!

읽기

왕초보라도 문제없이 읽을 수 있도록 중국인 발음과 최대한 비슷하게 우리말로 발음을 달아 놓았습니다. 우리말 해석과 중국어 표현을 눈으로 확인하며 읽어보세요.

✓ check point!
- 같은 상황에서 쓸 수 있는 6개의 표현을 확인한다.
- 우리말 해석을 보면서 중국어 표현을 소리 내어 읽는다.

듣기

책 없이도 공부할 수 있도록 우리말 해석과 중국어 문장이 함께 녹음되어 있습니다. 출퇴근 길, 이동하는 도중, 기다리는 시간 등, 아까운 자투리 시간을 100% 활용해 보세요. 듣기만 해도 공부가 됩니다.

- 우리말 해석과 중국인 발음을 서로 연관시키면서 듣는다.
- 중국인 발음이 들릴 때까지 반복해서 듣는다.

쓰기

중국어 공부의 완성은 쓰기! 손으로 쓰면 우리의 두뇌가 훨씬 더 확실하게, 오래 기억한다고 합니다. 맞쪽에 있는 노트는 공부한 것을 확인하며 쓸 수 있도록 최적화되어 있습니다. 정성껏 쓰다 보면 생각보다 중국어 문장이 쉽게 외워진다는 사실에 깜짝 놀라실 거예요.

✓ check point!
- 적혀 있는 그대로 읽으면서 따라 쓴다.
- 중국인의 발음을 들으면서 쓴다.
- 표현을 최대한 머릿속에 떠올리면서 쓴다.

말하기

듣기만 해서는 절대로 입이 열리지 않습니다. 중국인 발음을 따라 말해보세요. 계속 듣고 말하다 보면 저절로 발음이 자연스러워집니다.

✓ check point!
- 중국인 발음을 들으면서 최대한 비슷하게 따라 읽는다.
- 우리말 해석을 듣고 mp3를 멈춘 다음, 중국어 문장을 떠올려 본다.
- 다시 녹음을 들으면서 맞는지 확인한다.

대화 연습

문장을 아는 것만으로는 충분하지 않습니다. 대화를 통해 문장의 쓰임새와 뉘앙스를 아는 것이 무엇보다 중요하기 때문에 6개의 표현마다 대화문을 하나씩 두었습니다.

✓ check point!
- 대화문을 읽고 내용을 확인한다.
- 대화문 녹음을 듣는다.
- 들릴 때까지 반복해서 듣는다.

이 책의 내용

PART 01 인사 표현

01	인사할 때	12
02	근황을 물을 때	14
03	처음 만났을 때	16
04	소개할 때	18
05	오랜만에 만났을 때	20
06	우연히 만났을 때	22
07	헤어질 때	24
08	떠나보낼 때	26
09	고마울 때	28
10	미안할 때	30

PART 02 대화·의사 표현

01	사람을 부르거나 말을 걸 때	34
02	맞장구칠 때	36
03	되물을 때	38
04	질문할 때	40
05	부탁할 때	42
06	부탁에 응답할 때	44
07	이해를 확인할 때	46
08	의견을 묻고 대답할 때	48
09	허락과 양해를 구할 때	50
10	동의를 구하고 답할 때	52

PART 03 자기소개 표현

01	개인 신상에 대해 말할 때	56
02	가족에 대해 말할 때	58
03	학교에 대해 말할 때	60
04	학교생활에 대해 말할 때	62
05	직장에 대해 말할 때	64
06	직장생활에 대해 말할 때	66
07	직업에 대해 말할 때	68
08	우정과 사랑에 대해 말할 때	70
09	결혼에 대해 말할 때	72
10	중국 생활에 대해 말할 때	74

Write and Talk!

PART 04 감정 표현

- 01 축하할 때 — 78
- 02 환영할 때 — 80
- 03 행운을 빌 때 — 82
- 04 기쁘거나 즐거울 때 — 84
- 05 감탄하거나 칭찬할 때 — 86
- 06 후회하거나 실망할 때 — 88
- 07 화날 때 — 90
- 08 슬프거나 외로울 때 — 92
- 09 놀랍거나 무서울 때 — 94
- 10 좋아하거나 싫어할 때 — 96

PART 05 화제 표현

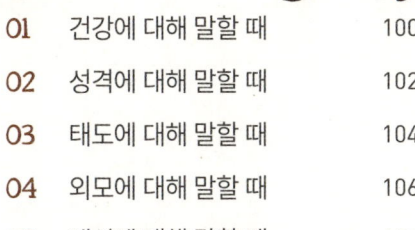

- 01 건강에 대해 말할 때 — 100
- 02 성격에 대해 말할 때 — 102
- 03 태도에 대해 말할 때 — 104
- 04 외모에 대해 말할 때 — 106
- 05 패션에 대해 말할 때 — 108
- 06 시간에 대해 말할 때 — 110
- 07 날짜와 요일에 대해 말할 때 — 112
- 08 날씨에 대해 말할 때 — 114
- 09 계절에 대해 말할 때 — 116
- 10 음주와 흡연에 대해 말할 때 — 118

PART 06 취미와 여가 표현

- 01 취미에 대해 말할 때 — 122
- 02 여가에 대해 말할 때 — 124
- 03 오락에 대해 말할 때 — 126
- 04 책과 신문잡지에 대해 말할 때 — 128
- 05 음악에 대해 말할 때 — 130
- 06 그림에 대해 말할 때 — 132
- 07 텔레비전에 대해 말할 때 — 134
- 08 영화에 대해 말할 때 — 136
- 09 운동에 대해 말할 때 — 138
- 10 식욕과 맛에 대해 말할 때 — 140

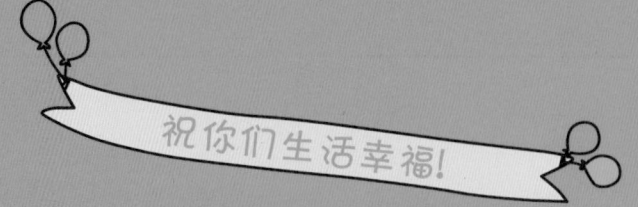
祝你们生活幸福!

PART 01

你汉语说得真好.

✿ 눈으로 읽고
✿ 귀로 듣고
✿ 손으로 쓰고
✿ 입으로 소리내어 말한다!

인사 표현

Unit 01 인사할 때

>> 녹음을 듣고 소리내어 읽어볼까요?   듣기

안녕하세요.

你好! / 您好!
Nǐhǎo / Nínhǎo
니하오 / 닌하오

안녕하세요?

你好吗?
Nǐhǎo ma
니하오 마

안녕하세요.(아침인사)

你早! / 早安! / 早上好!
Nǐzǎo / Zǎo'ān / Zǎoshang hǎo
니자오 / 자오안 / 자오샹 하오

안녕하세요. (저녁인사)

晚上好!
Wǎnshang hǎo
완샹 하오

안녕히 주무세요.

晚安!
Wǎn'ān
완안

여러분, 안녕하세요.

大家好!
Dàjiā hǎo
따지아 하오

Conversation

A: 你好, 最近怎么样?
B: 很好, 你呢?

안녕하세요, 요즘 어떠세요?
잘 지내요, 당신은요?

또박또박 쓰면서 말해볼까요? >> 말하기 <<

✎ 你好! / 您好!

✎ 你好吗?

✎ 你早! / 早安! / 早上好!

✎ 晚上好!

✎ 晚安!

✎ 大家好!

 **Unit 02 근황을 물을 때**

>> 녹음을 듣고 소리내어 읽어볼까요?   **듣기**

요즘 어떻게 지내세요?
最近怎么样?
Zuìjìn zěnmeyàng
쭈에이진 전머양

잘 지내세요?
还好吗?
Háihaǒ ma
하이하오 마

덕분에 잘 지내고 있습니다, 당신은요?
托您的福很好，你呢?
Tuō nín de fú hěnhǎo, nǐ ne
투어 닌 더 푸 흐언하오, 니 너

건강은 좋아지셨어요?
身体好了吗?
Shēntǐ hǎo le ma
션티 하오 러 마

일은 바쁘세요?
工作忙吗?
Gōngzuò máng ma
꽁쭈어 망 마

별 일 없으시지요?
没什么事吧?
Méi shénmeshì ba
메이 션머스 바

A: 身体好了吗?
B: 没事了。
건강은 좋아지셨어요?
괜찮습니다.

14 • 쓰면서 말해봐 기본편

>> 또박또박 쓰면서 말해볼까요?   >> 말하기

✏ 最近怎么样?

✏ 还好吗?

✏ 托您的福很好，你呢?

✏ 身体好了吗?

✏ 工作忙吗?

✏ 没什么事吧?

 **Unit 03 처음 만났을 때**

>> 녹음을 듣고 소리내어 읽어볼까요?   듣기

처음 뵙겠습니다.
初次见面。
Chūcì jiànmiàn
추츠 지엔미엔

뵙게 되어 반갑습니다.
认识你很高兴。
Rènshi nǐ hěngāoxìng
런스 니 흐언까오싱

말씀 많이 들었습니다.
久仰久仰。
Jiǔyǎng jiǔyǎng
지어우양 지어우양

만나서 반갑습니다.
见到你很高兴。
Jiàndào nǐ hěngāoxìng
지엔따오 니 흐언까오싱

이름이 어떻게 됩니까?
您贵姓?
Nín guìxìng
닌 꾸에이싱

성은 김이고, 이름은 희선입니다.
我姓金，叫喜善。
Wǒ xìng Jīn, jiào Xīshàn
워 싱 찐, 지아오 시샨

Conversation

A: 我先自我介绍一下。
B: 好。
제 소개를 먼저 하겠습니다.
좋아요.

16 • 쓰면서 말해봐 기본편

>> 또박또박 쓰면서 말해볼까요?   >> 말하기 <<

初次见面。

认识你很高兴。

久仰久仰。

见到你很高兴。

您贵姓?

我姓金，叫喜善。

 # Unit 04 소개할 때

》》 녹음을 듣고 소리내어 읽어볼까요?   듣기

두 분이 서로 인사 나누셨습니까?
你们俩打过招呼了？
Nǐmen liǎ dǎguòzhāohūle
니먼 리아 다꾸어짜오후러

제가 두 분을 소개하겠습니다.
我来介绍这两位。
Wǒ lái jièshào zhè liǎngwèi
워 라이 지에샤오 쩌 리앙웨이

서로 인사하시지요.
你们互相认识一下吧。
Nǐmen hùxiāng rènshi yíxià ba
니먼 후시앙 런스 이시아 바

전에 한번 뵌 적이 있는 것 같습니다.
我们好像见过一面。
Wǒmen hǎoxiàng jiànguò yímiàn
워먼 하오시앙 지엔꾸어 이미엔

존함은 익히 들었습니다.
您的大名早有所闻。
Nín de dàmíng zǎo yǒu suǒwén
닌 더 따밍 자오 여우 쑤어원

예전부터 뵙고 싶었습니다.
我早就想见见你。
Wǒ zǎojiù xiǎng jiànjiàn nǐ
워 자오지어우 시앙 지엔지엔 니

A: 久闻大名，见到你很高兴。
B: 认识你我也很高兴。

존함을 오래 전부터 들었습니다. 만나서 반갑습니다.
저도 뵙게 되어 기쁩니다.

>> 또박또박 쓰면서 말해볼까요?   >> 말하기 <<

你们俩打过招呼了？

我来介绍这两位。

你们互相认识一下吧。

我们好像见过一面。

您的大名早有所闻。

我早就想见见你。

Unit 05 오랜만에 만났을 때

>> 녹음을 듣고 소리내어 읽어볼까요?

오랜만입니다.
好久不见了。
Hǎojiǔbújiànle
하오지어우부지엔러

오랜만이군요. 어떻게 지내세요?
好久不见，过得怎么样?
Hǎojiǔbújiàn, guò de zěnmeyàng
하오지어우부지엔, 꾸어 더 전머양

안녕하세요. 다시 만나서 반갑습니다.
你好! 很高兴再次见到你。
Nǐhǎo! Hěngāoxìng zàicì jiàndào nǐ
니하오! 흐언까오씽 짜이츠 지엔따오 니

몇 년 만이죠?
有几年没见了?
Yǒu jǐnián méi jiànle
여우 지니엔 메이 지엔러

여전하시군요.
你一点儿都没变啊。
Nǐ yìdiǎnrdōu méi biàn a
니 이디알떠우 메이 삐엔 아

가족 모두 안녕하시지요?
你家里人都好吗?
Nǐ jiāli rén dōu haǒ ma
니 지아리 런 떠우 하오 마

A: 好久没见了。
B: 是啊, 你还好吗?

오랜만이네요.
네, 잘 지냈어요?

>> 또박또박 쓰면서 말해볼까요?   >> 말하기

好久不见了。

好久不见，过得怎么样？

你好! 很高兴再次见到你。

有几年没见了？

你一点儿都没变啊。

你家里人都好吗？

 # Unit 06 우연히 만났을 때

>> 녹음을 듣고 소리내어 읽어볼까요? <<듣기>>

만나서 반가워요.
很高兴见到你。
Hěngāoxìng jiàndào nǐ
흐언까오싱 지엔따오 니

아니, 이게 누구예요!
哟，这是谁呀！
Yō, zhè shì shuí a
요, 쩌 스 수에이 아

세상 정말 좁군요.
这世界真是太小了。
Zhè shìjiè zhēnshì tài xiǎo le
쩌 쓰지에 쩐스 타이 시아오 러

여기서 만나다니 뜻밖이군요.
在这里碰到你，真是没想到。
Zài zhèli pèngdào nǐ, zhēnshì méixiǎngdào
짜이 쩌리 펑따오 니, 쩐스 메이시앙따오

다시 뵐 거라고는 정말 생각도 못했어요.
真没想到能再见面！
Zhēn méixiǎngdào néng zài jiànmiàn
쩐 메이시앙따오 넝 짜이 지엔미엔

그렇지 않아도 뵙고 싶었었는데.
我正好想找你呢。
Wǒ zhènghǎo xiǎng zhǎo nǐ ne
워 쩡하오 시앙 자오 니 너

Conversation

A: 哟, 这是谁呀!
B: 呀! 是刘梅吧? 你怎么到这儿来了?

아니, 이게 누구에요!
어! 리우메이 맞죠? 어떻게 여기에 왔어요?

 >> 또박또박 쓰면서 말해볼까요?  >> 말하기

很高兴见到你。

哟，这是谁呀!

这世界真是太小了。

在这里碰到你，真是没想到。

真没想到能再见面!

我正好想找你呢。

 **Unit 07 헤어질 때**

>> 녹음을 듣고 소리내어 읽어볼까요?   듣기

안녕히 계세요(가세요).
再见!
Zàijiàn
짜이지엔

내일 봐요.
明天见。
Míngtiān jiàn
밍티엔 지엔

이따 봐요!
回头见!
Huítóu jiàn
후에이터우 지엔

그럼, 다음에 뵙겠습니다.
那么，下回见。
Nàme, xiàhuí jiàn
나머, 시아후에이 지엔

나중에 또 만납시다!
后会有期!
Hòuhuìyǒuqī
허우후에이여우치

잘 지내요!
保重!
Bǎozhòng
바오쫑

A: 很高兴今天认识你。
B: 认识你我也很高兴。再见。

오늘 만나서 반가웠습니다.
뵙게 되어 저도 기쁩니다. 안녕히 가세요.

 >> 또박또박 쓰면서 말해볼까요?  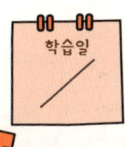 >> 말하기 <<

✎ 再见!

✎ 明天见。

✎ 回头见!

✎ 那么，下回见。

✎ 后会有期!

✎ 保重!

 # Unit 08 떠나보낼 때

>> 녹음을 듣고 소리내어 읽어볼까요?  듣기

조심해서 가세요.
慢走。
Màn zǒu
만 저우

몸조심하세요.
请多多保重身体。
Qǐng duōduō bǎozhòng shēntǐ
칭 뚜어뚜어 바오쫑 션티

멀리 안 나갈게요.
我不送你了。
Wǒ bú sòng nǐ le
워 부 쏭 니 러

역까지 바래다 드릴게요.
我送你到车站吧。
Wǒ sòng nǐ dào chēzhàn ba
워 쏭 니 따오 처잔 바

성공을 빌겠습니다.
祝你成功。
Zhù nǐ chénggōng
쭈 니 청꽁

즐거운 여행이 되세요.
祝你旅游愉快！
Zhù nǐ lǚyóu yúkuài
쭈 니 뤼여우 위쿠아이

A: 我真的要走了。
B: 好，祝你一路平安！

정말 가야겠어요.
네, 편안한 여행되시길 바랄게요.

>> 또박또박 쓰면서 말해볼까요?　　　　　　　　　　　　　　　　>> 말하기 <<

✎ 慢走。

✎ 请多多保重身体。

✎ 我不送你了。

✎ 我送你到车站吧。

✎ 祝你成功。

✎ 祝你旅游愉快!

 **Unit 09 고마울 때**

>> 녹음을 듣고 소리내어 읽어볼까요?   <<< 듣기 >>>

감사합니다.
谢谢。
Xièxie
시에시에

당신 덕분이에요, 고맙습니다.
托你的福，谢谢。
Tuō nǐ de fú, xièxie
투어 니 더 푸, 시에시에

대단히 감사합니다.
非常感谢。
Fēicháng gǎnxiè
페이창 간시에

도와 주셔서 감사합니다.
谢谢你的帮助。
Xièxie nǐ de bāngzhù
시에시에 니 더 빵주

천만에요.
不客气。
bú kèqi
부 크어치

별말씀을요.
哪里哪里。
Nǎli nǎli
나리 나리

Conversation

A: 谢谢。
B: 不客气。

고마워요.
천만에요.

>> 또박또박 쓰면서 말해볼까요?　　　　　　　　　　　　　　>> 말하기 <<

✎ 谢谢。

✎ 托你的福，谢谢。

✎ 非常感谢。

✎ 谢谢你的帮助。

✎ 不客气。

✎ 哪里哪里。

# Unit 10 미안할 때

>> 녹음을 듣고 소리내어 읽어볼까요?

미안합니다.
对不起。
Duìbuqǐ
뚜에이부치

정말 미안합니다.
真不好意思。
Zhēn bùhǎoyìsi
쩐 뿌하오이쓰

죄송합니다.
很抱歉。
Hěn bàoqiàn
흐언 빠오치엔

용서해 주십시오.
请原谅我。
Qǐng yuánliàng wǒ
칭 위엔리앙 워

제가 잘못했습니다.
是我不对。
Shì wǒ búduì
스 워 부뚜에이

괜찮습니다.
没关系。
Méiguānxi
메이꾸안시

Conversation

A: 对不起, 让你久等了。
B: 没关系, 我也刚到的。

오래 기다리게 해서 미안합니다.
괜찮아요, 저도 방금 왔어요.

>> 또박또박 쓰면서 말해볼까요?

>> 말하기 <<

✏ 对不起。

✏ 真不好意思。

✏ 很抱歉。

✏ 请原谅我。

✏ 是我不对。

✏ 没关系。

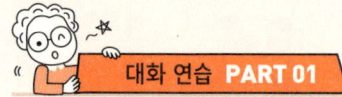 대화 연습 PART 01

● 앞에서 배운 대화 내용의 병음입니다. 녹음을 듣고 또박또박 읽어 보세요.

Unit 01 인사할 때

A: **Nǐhǎo, zuìjìn zěnmeyàng?**
B: **Hěnhǎo, nǐ ne?**

Unit 02 근황을 물을 때

A: **Shēntǐ hǎo le ma?**
B: **Méishìle.**

Unit 03 처음 만났을 때

A: **Wǒ xiān zìwǒjièshào yíxià.**
B: **Hǎo.**

Unit 04 소개할 때

A: **Jǐuwén dàmíng, jiàndao nǐ hěngāoxìng.**
B: **Rènshi nǐ wǒ yě hěngāoxìng.**

Unit 05 오랜만에 만났을 때

A: **Hǎo jiǔ méi jiàn le.**
B: **Shì a, nǐ hái hǎo ma?**

Unit 06 우연히 만났을 때

A: **Yō, zhè shì shuí ya!**
B: **Yā! shì Líuméi ba? Nǐ zěnme dào zhèr laile?**

Unit 07 헤어질 때

A: **Hěngāoxìng jīntiān rènshi nǐ.**
B: **Rènshi nǐ wǒ yě hěngāoxìng. zàijiàn.**

Unit 08 떠나보낼 때

A: **Wǒ zhēnde yào zǒu le.**
B: **Hǎo, zhù nǐ yílùpíng'ān!**

Unit 09 고마울 때

A: **Xièxie.**
B: **Bú kèqi.**

Unit 10 미안할 때

A: **Duìbuqǐ, ràng nǐ jiǔ děng le.**
B: **Méiguānxi, wǒ yě gāng dào de.**

PART 02

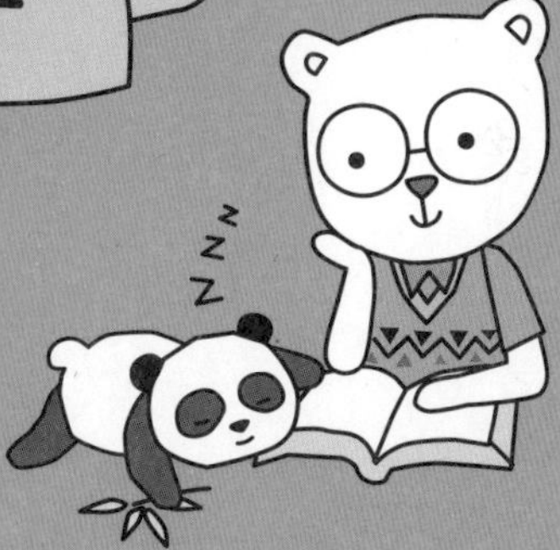

你汉语说得真好.

- 눈으로 읽고
- 귀로 듣고
- 손으로 쓰고
- 입으로 소리내어 말한다!

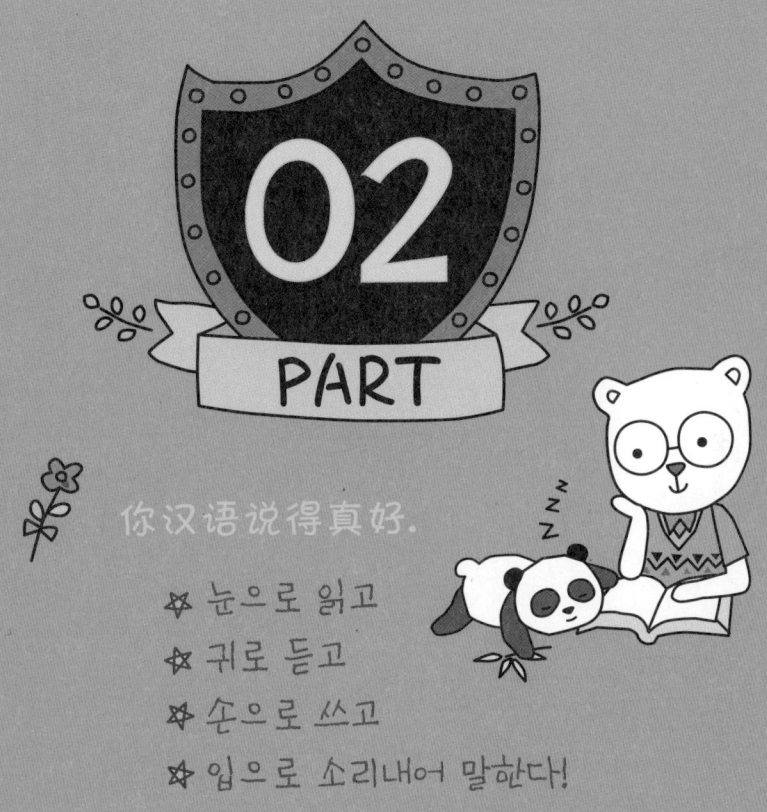

대화·의사 표현

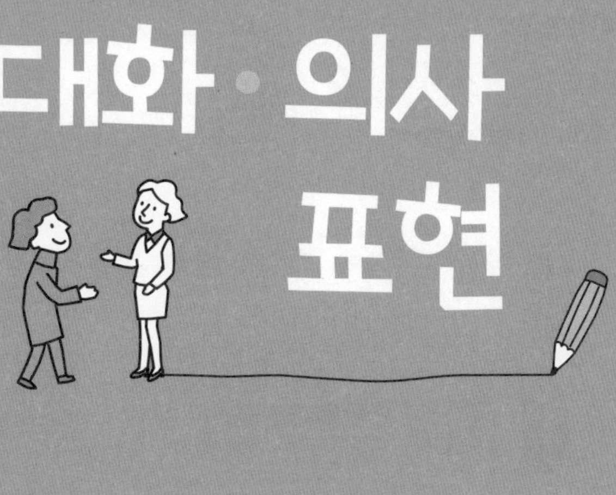

Unit 01 사람을 부르거나 말을 걸 때

» 녹음을 듣고 소리내어 읽어볼까요?　 듣기

어떻게 불러야 하나요?
不知该怎么称呼?
Bùzhī gāi zěnme chēnghū
뿌즈 까이 전머 청후

여보세요!
喂!
Wèi
웨이

저, 잠깐만요.
哦，我说。
Ó, wǒ shuō
어, 워 수어

이야기 좀 할 수 있을까요?
我能跟你谈谈吗?
Wǒ néng gēn nǐ tántan ma
워 넝 끄언 니 탄탄 마

드릴 말씀이 있는데요.
我有话跟你说。
Wǒ yǒu huà gēn nǐ shuō
워 여우 후아 끄언 니 수어

잠깐 이야기 좀 할까요?
我们俩谈谈?
Wǒmenliǎ tántan
워먼리아 탄탄

Conversation

A: 老金，我能跟你谈谈?
B: 你到底想说点什么?

김씨, 저와 이야기 좀 할 수 있을까요?
무슨 말을 하고 싶으신 거죠?

>> 또박또박 쓰면서 말해볼까요?   >> 말하기

✎ 不知该怎么称呼?

✎ 喂!

✎ 哦，我说。

✎ 我能跟你谈谈吗?

✎ 我有话跟你说。

✎ 我们俩谈谈?

 **Unit 02 맞장구칠 때**

>> 녹음을 듣고 소리내어 읽어볼까요?   듣기

그래 맞아요.

是的。 / 是啊。
Shì de   Shì a
스 더   스 아

정말요?

是吗? / 真的?
Shì ma   Zhěn de
스 마   전 더

맞아요.

没错。
Méicuò
메이추어

맞는 말씀이세요.

你说得对。
Nǐ shuō de duì
니 수어 더 뚜에이

누가 아니래요.

可不是嘛。
Kě búshì ma
크어 부스 마

아이고, 그럴 리가요.

唉，不会吧。
Āi, búhuì ba
아이, 부후에이 바

Conversation

A: 你知道吗? 他买了房子。
B: 真的?

당신 알아요? 저 남자 집을 샀대요.
정말이에요?

>> 또박또박 쓰면서 말해볼까요?　　　　　　　　　　　>> 말하기 <<

✎ 是的。／是啊。

✎ 是吗？／真的？

✎ 没错。

✎ 你说得对。

✎ 可不是嘛。

✎ 唉，不会吧。

 **Unit 03 되물을 때**

>> 녹음을 듣고 소리내어 읽어볼까요? 　　　　《 듣기 》

무슨 소리에요?
你说什么？
Nǐ shuōshénme
니 수어션머

방금 뭐라고 하셨어요?
刚才你说什么了？
Gāngcái nǐ shuōshénmele
깡차이 니 수어션머러

말씀하신 게 무슨 뜻인가요?
你说的是什么意思？
Nǐ shuō de shì shénmeyìsi
니 수어 더 스 션머이쓰

다시 한 번 말씀해 주십시오.
请再说一次吧。
Qǐng zàishuō yícì ba
칭 짜이수어 이츠 바

미안합니다, 잘 못 들었어요.
对不起，我没听清楚。
Duìbuqǐ, wǒ méi tīng qīngchu
뚜에이부치, 워 메이 팅 칭추

천천히 말씀해주시죠.
请你慢一点儿说。
Qǐng nǐ màn yìdiǎnr shuō
칭 니 만 이디알 수어

 **Conversation**

A: 你刚才说什么了？
B: 请注意听，下星期有考试。

방금 뭐라고 하셨어요?
잘 들어요, 다음 주에 시험이에요.

>> 또박또박 쓰면서 말해볼까요?   >> 말하기

✏ 你说什么?

✏ 刚才你说什么了?

✏ 你说的是什么意思?

✏ 请再说一次吧。

✏ 对不起，我没听清楚。

✏ 请你慢一点儿说。

Unit 04 질문할 때

>> 녹음을 듣고 소리내어 읽어볼까요?   듣기

말씀 좀 물을게요.
请问一下。
Qǐngwèn yíxià
칭원 이시아

질문 하나 있습니다.
我有一个问题。
Wǒ yǒu yígè wèntí
워 여유 이거 원티

이것은 중국어로 뭐라고 하죠?
请问这个中文怎么说?
Qǐngwèn zhège zhōngwén zěnmeshuō
칭원 쩌거 종원 전머수어

누구한테 물어봐야 되죠?
不知应该问哪位?
Bùzhī yīnggāi wèn nǎ wèi
뿌쯔 잉까이 원 나 웨이

말하지 않겠어요.
我不回答。
Wǒ bù huídá
워 뿌 후에이다

모르겠어요.
这我不知道。
Zhè wǒ bùzhīdào
쩌 워 뿌즈따오

Conversation

A: 对不起，请问一下。
B: 什么事儿?

실례합니다. 말씀 좀 여쭙겠습니다.
무슨 일이십니까?

>> 또박또박 쓰면서 말해볼까요?   >> 말하기

请问一下。

我有一个问题。

请问这个中文怎么说?

不知应该问哪位?

我不回答。

这我不知道。

Unit 05 부탁할 때

>> 녹음을 듣고 소리내어 읽어볼까요?   듣기

잘 부탁드립니다.

多多拜托您!

Duōduo bàituō nín

뚜어두어 빠이투어 닌

부탁 하나 드려도 될까요?

我想拜托你一件事，行吗?

Wǒ xiǎng bàituō nǐ yíjiàn shì, xíng ma

워 시앙 빠이투어 니 이지엔 스, 싱 마

앞으로 많이 봐 주십시오.

以后请您多多关照。

Yǐhòu qǐng nín duōduoguānzhào

이허우 칭 닌 뚜어두어꾸안짜오

좀 부탁드릴 일이 있는데요.

我有事想拜托你。

Wǒ yǒushì xiǎng bàituō nǐ

워 여우스 시앙 빠이투어 니

저를 도와주시겠습니까?

你能帮我吗?

Nǐ néng bāng wǒ ma

니 넝 빵 워 마

당신의 도움이 필요합니다.

我需要你的帮助。

Wǒ xūyào nǐ de bāngzhù

워 쉬야오 니 더 빵쭈

Conversation

A: 请帮我一个忙，可以吗?
B: 可以, 什么事儿?

저 좀 도와주시겠어요?
네, 무슨 일이죠?

또박또박 쓰면서 말해볼까요? >> 말하기 <<

✎ 多多拜托您!

✎ 我想拜托你一件事，行吗?

✎ 以后请您多多关照。

✎ 我有事想拜托你。

✎ 你能帮我吗?

✎ 我需要你的帮助。

Unit 06 부탁에 응답할 때

>> 녹음을 듣고 소리내어 읽어볼까요?   듣기

좋습니다.
好。
Hǎo
하오

물론 되죠.
当然可以。
땅란 크어이
Dāngrán kěyǐ

문제없어요.
没问题。
Méi wèntí
메이 원티

아무래도 안 되겠는데요.
这恐怕不行。
Zhè kǒngpà bùxíng
쩌 콩파 뿌싱

생각해보죠.
让我考虑一下。
Ràng wǒ kǎolǜ yíxià
랑 워 카오뤼 이시아

다음에 얘기합시다.
改天再说吧。
Gǎitiān zàishuōba
가이티엔 짜이수어바

Conversation

A: 我想拜托你一件事，行吗?
B: 不好意思，我现在太忙了。

한 가지 부탁해도 될까요?
미안해요, 제가 지금 너무 바쁘네요.

또박또박 쓰면서 말해볼까요?　　>> 말하기 <<

✎ 好。

✎ 当然可以。

✎ 没问题。

✎ 这恐怕不行。

✎ 让我考虑一下。

✎ 改天再说吧。

 **Unit 07 이해를 확인할 때**

>> 녹음을 듣고 소리내어 읽어볼까요?   듣기

아시겠어요?
你能理解吗?
Nǐ néng lǐjiě ma
니 넝 리지에 마

제가 한 말을 알겠어요?
你明白我说的话吗?
Nǐ míngbai wǒ shuō de huà ma
니 밍바이 워 수어 더 후아 마

무슨 뜻인지 아시겠어요?
你能理解是什么意思吗?
Nǐ néng lǐjiě shì shénmeyìsī ma
니 넝 리지에 스 션머이쓰 마

알겠어요.
我理解。
Wǒ lǐjiě
워 리지에

아, 알겠습니다.
哦，明白了。
Ó, míngbaile
어, 밍바이러

모르겠어요.
我没法理解。
Wǒ méifǎ lǐjiě
워 메이파 리지에

Conversation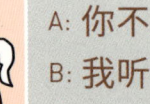

A: 你不太明白吗?
B: 我听不出来要旨。

잘 모르겠어요?
요지가 뭔지 알아듣지 못하겠어요.

또박또박 쓰면서 말해볼까요?   >> 말하기

✏ 你能理解吗?

✏ 你明白我说的话吗?

✏ 你能理解是什么意思吗?

✏ 我理解。

✏ 哦，明白了。

✏ 我没法理解。

 **Unit 08 의견을 묻고 대답할 때**

>> 녹음을 듣고 소리내어 읽어볼까요?  듣기

당신 의견은 어때요?
你的意见怎么样?
Nǐ de yìjiàn zěnmeyàng
니 더 이지엔 전머양

당신이 느끼기에 어때요?
你觉得怎么样?
Nǐ juéde zěnmeyàng
니 쥐에더 전머양

당신이 보기에 어때요?
你看怎么样?
Nǐ kàn zěnmeyàng
니 칸 전머양

무슨 좋은 생각이 있어요?
有没有什么好主意?
Yǒuméiyǒu shénme hǎo zhǔyi
여우메이여우 션머 하오 주이

좋으실 대로 하십시오.
请随便。
Qǐng suíbiàn
칭 수에이삐엔

뭐라고 말할 수 없네요.
我也不好说。
Wǒ yě bùhǎoshuō
워 이에 뿌하오수어

Conversation
A: 明天去怎么样?
B: 明天我还要上班。
　내일 가면 어때요?
　내일도 출근해야 해요.

또박또박 쓰면서 말해볼까요?

>> 말하기 <<

你的意见怎么样?

你觉得怎么样?

你看怎么样?

有没有什么好主意?

请随便。

我也不好说。

Unit 09 허락과 양해를 구할 때

>> 녹음을 듣고 소리내어 읽어볼까요?

이렇게 하면 되나요?
这样做，就行吗?
Zhèyàng zuò, jiù xíng ma
쩌양 쭈어, 지어우 씽 마

제가 들어가도 될까요?
我可以进去吗?
Wǒ kěyǐ jìnqù ma
워 크어이 찐취 마

좌석을 바꿔 앉아도 되나요?
可不可以换座位?
Kěbùkěyǐ huàn zuòwèi
크어뿌크어이 후안 쭈어웨이

실례합니다.
对不起了。
Duìbùqǐle
뚜에이뿌치러

잠깐 실례해도 될까요?
我可以打扰你一下吗?
Wǒ kěyǐ dǎráo nǐ yíxià ma
워 크어이 다라오 니 이시아 마

이만 실례할게요.
我马上要回去了!
Wǒ mǎshàng yào huíqùle
워 마샹 야오 후에이취러

Conversation

A: 我可以试一下吗?
B: 当然。那边有更衣室。

한번 입어봐도 될까요?
물론이죠. 저쪽에 탈의실이 있어요.

  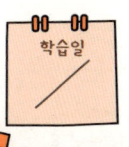

또박또박 쓰면서 말해볼까요? >> 말하기

✏ 这样做，就行吗?

✏ 我可以进去吗?

✏ 可不可以换座位?

✏ 对不起了。

✏ 我可以打扰你一下吗?

✏ 我马上要回去了!

Unit 10 동의를 구하고 답할 때

>> 녹음을 들고 소리내어 읽어볼까요?

듣기

당신도 내 생각과 같습니까?
你的想法也跟我一样吗?
Nǐ de xiǎngfǎ yě gēn wǒ yíyàng ma
니 더 시앙파 이에 끄언 워 이양 마

어떻습니까?
怎么样?
Zěnmeyàng
전머양

동감입니다.
我也有同感。
Wǒ yě yǒu tónggǎn
워 이에 여우 통간

다른 의견은 없습니다.
我没有别的意见。
Wǒ méiyǒu biéde yìjiàn
워 메이여우 비에더 이지엔

전적으로 동의합니다.
我完全同意。
Wǒ wánquán tóngyì
워 완취엔 통이

저는 동의할 수 없습니다.
我不能同意。
Wǒ bùnéng tóngyì
워 뿌넝 통이

Conversation

A: 你同意我的看法吗?
B: 完全同意。

제 의견에 동의합니까?
동의합니다.

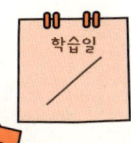

>> 또박또박 쓰면서 말해볼까요?　　　　　　　　　　　　　　　>> 말하기 <<

✏ 你的想法也跟我一样吗?

✏ 怎么样?

✏ 我也有同感。

✏ 我没有别的意见。

✏ 我完全同意。

✏ 我不能同意。

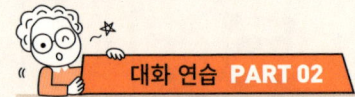 

● 앞에서 배운 대화 내용의 병음입니다. 녹음을 듣고 또박또박 읽어 보세요.

Unit 01 사람을 부르거나 말을 걸 때

A: Lǎo Jīn, wǒ néng gēn nǐ tántan ma?
B: Nǐ dàodǐ xiǎng shuō diǎn shénme?

Unit 02 맞장구칠 때

A: Nǐ zhīdao ma? Tā mǎile fángzi.
B: Zhēn de?

Unit 03 되물을 때

A: Nǐ gāngcái shuōshénmele?
B: Qǐng zhùyì tīng, xiàxīngqī yǒu kǎoshì.

Unit 04 질문할 때

A: Duìbuqǐ, qǐngwèn yíxià.
B: Shénme shìr?

Unit 05 부탁할 때

A: Qǐng bāng wǒ yíge máng, kěyǐ ma?
B: Kěyǐ, shénme shìr?

Unit 06 부탁에 응답할 때

A: Wǒ xiǎng bàituō nǐ yíjiàn shì xíng ma?
B: Bùhǎoyìsi, wǒ xiànzài tài mángle.

Unit 07 이해를 확인할 때

A: Nǐ bú tài míngbai ma?
B: Wǒ tīng bù chūlái yàozhǐ.

Unit 08 의견을 묻고 대답할 때

A: Míngtiān qù zěnmeyàng?
B: Míngtiān wǒ háiyào shàngbān.

Unit 09 허락과 양해를 구할 때

A: Wǒ kěyǐ shì yíxià ma?
B: Dāngrán. Nàbiān yǒu gēngyīshì.

Unit 10 동의를 구하고 답할 때

A: Nǐ tóngyì wǒ de kànfǎ ma?
B: Wánquán tóngyì.

PART 03

你汉语说得真好.

✿ 눈으로 읽고
✿ 귀로 듣고
✿ 손으로 쓰고
✿ 입으로 소리내어 말한다!

자기소개 표현

Unit 01 개인 신상에 대해 말할 때

>> 녹음을 듣고 소리내어 읽어볼까요?   **듣기**

어디 분이세요?
你是哪里人?
Nǐ shì nǎli rén
니 스 나리 런

어느 나라 분이세요?
你是哪国人?
Nǐ shì nǎ guórén
니 스 나 구어런

전 한국에서 왔습니다.
我是从韩国来的。
Wǒ shì cóng Hánguó lái de
워 스 총 한구어 라이 더

몇 살이에요?
你多大了?
Nǐ duō dà le
니 뚜어 따 러

몇 년생이세요?
你是哪一年出生的?
Nǐ shì nǎ yìnián chūshēng de
니 스 나 이니엔 추셩 더

어디 사세요?
你住在哪儿?
Nǐ zhùzài nǎr
니 쭈짜이 날

Conversation

A: 请问, 你今年多大了?
B: 我今年三十五岁了。

말씀 좀 여쭐게요, 올해 몇이세요?
저는 올해 서른 다섯 살입니다.

 >> 또박또박 쓰면서 말해볼까요?    >> 말하기 <<

✏ 你是哪里人？

✏ 你是哪国人？

✏ 我是从韩国来的。

✏ 你多大了？

✏ 你是哪一年出生的？

✏ 你住在哪儿？

Unit 02 가족에 대해 말할 때

>> 녹음을 듣고 소리내어 읽어볼까요?

가족은 몇 분이나 되세요?
请问，你家有几口人？
Qǐngwèn, nǐ jiā yǒu jǐkǒu rén
칭원, 니 지아 여우 지커우 런

가족이 누구누구세요?
你家都有什么人？
Nǐ jiā dōu yǒu shénme rén
니 지아 떠우 여우 션머 런

아이들은 몇 명이나 되세요?
你有几个孩子？
Nǐ yǒu jǐgè háizi
니 여우 지거 하이즈

난 독자예요. 당신은요?
我是独生子，你呢？
Wǒ shì dúshēngzǐ, nǐ ne
워 스 두셩즈, 니 너

부모님과 함께 사세요?
跟父母一起住吗？
Gēn fùmǔ yìqǐ zhù ma
끄언 푸무 이치 쭈 마

형제가 몇 분이세요?
有几个兄弟？
Yǒu jǐgè xiōngdì
여우 지거 시옹띠

Conversation

A: 你家有几口人？
B: 我家有四口人。

가족이 몇 분이세요?
4식구입니다.

 >> 또박또박 쓰면서 말해볼까요?   >> 말하기 <<

✏ 请问，你家有几口人？

✏ 你家都有什么人？

✏ 你有几个孩子？

✏ 我是独生子，你呢？

✏ 跟父母一起住吗？

✏ 有几个兄弟？

Unit 03 학교에 대해 말할 때

>> 녹음을 듣고 소리내어 읽어볼까요?   《 듣기 》

어느 학교에 다녀요?
请问，你在哪个学校上学?
Qǐngwèn, nǐ zài nǎge xuéxiào shàngxué
칭원, 니 짜이 나거 쉬에시아오 샹쉬에

대학생이에요?
你是大学生吗?
Nǐ shì dàxuéshēng ma
니 스 따쉬에셩 마

몇 학년이에요?
你几年级?
Nǐ jǐ niánjí
니 지 니엔지

대학교 3학년입니다.
我是大学三年级的。
Wǒ shì dàxué sān niánjí de
워 스 따쉬에 싼 니엔지 더

전공이 뭐죠?
你是哪个专业的?
Nǐ shì nǎge zhuānyè de
니 스 나거 쭈안이에 더

어느 학교를 졸업하셨어요?
你是哪个学校毕业的?
Nǐ shì nǎge xuéxiào bìyè de
니 스 나거 쉬에시아오 삐이에 더

A: 你是学生吗?
B: 不是，我是公司职员。

당신은 학생입니까?
아닙니다, 저는 회사원입니다.

또박또박 쓰면서 말해볼까요? 　　말하기

✎ 请问，你在哪个学校上学？

✎ 你是大学生吗？

✎ 你几年级？

✎ 我是大学三年级的。

✎ 你是哪个专业的？

✎ 你是哪个学校毕业的？

Unit 04 학교생활에 대해 말할 때

>> 녹음을 듣고 소리내어 읽어볼까요?   　　듣기

중국어를 얼마나 배우셨어요?
你学汉语学多久了？
Nǐ xué hànyǔ xué duōjiǔ le
니 쉬에 한위 쉬에 뚜어지어우 러

아르바이트는 하나요?
你正在打工吗？
Nǐ zhèngzài dǎgōng ma
니 쩡짜이 다꽁 마

어떤 동아리 활동을 하나요?
你加入什么社团？
Nǐ jiārù shénme shètuán
니 찌아루 션머 셔투안

수업은 아침 몇 시에 시작해요?
早晨几点开始上课？
Zǎochén jǐdiǎn kāishǐ shàngkè
자오천 지디엔 카이스 샹크어

몇 시에 수업이 끝나요?
你几点下课？
Nǐ jǐdiǎn xiàkè
니 지디엔 시아크어

선생님, 질문이 있습니다.
老师，我有一个问题。
Lǎoshī, wǒ yǒu yígè wèntí
라오스, 워 여우 이꺼 원티

Conversation

A: 你今天有几门课？
B: 有四门课，下午两点下课。

오늘 수업이 몇 과목이죠?
4과목이요, 오후 2시에 끝나요.

 >> 또박또박 쓰면서 말해볼까요?

>> 말하기 <<

✎ 你学汉语学多久了?

✎ 你正在打工吗?

✎ 你加入什么社团?

✎ 早晨几点开始上课?

✎ 你几点下课?

✎ 老师，我有一个问题。

Unit 05 직장에 대해 말할 때

>> 녹음을 듣고 소리내어 읽어볼까요?

어느 회사에 근무하세요?

你在哪个公司工作?

Nǐ zài nǎge gōngsī gōngzuò

니 짜이 나거 꽁쓰 꽁쭈어

회사에서 어떤 업무를 담당하세요?

你在公司担任什么工作?

Nǐ zài gōngsī dānrèn shénme gōngzuò

니 짜이 꽁쓰 딴런 션머 꽁쭈어

평소에 어떻게 출근하세요?

你平时怎么上班?

Nǐ píngshí zěnme shàngbān

니 핑스 전머 샹빤

출근할 때 시간이 얼마나 걸려요?

上班时需要多长时间?

Shàngbān shí xūyào duō cháng shíjiān

샹빤 스 쉬야오 뚜어 창 스지엔

지금 근무하는 곳은 어디에요?

你现在上班的地方是哪儿?

Nǐ xiànzài shàngbān de dìfāng shì nǎr

니 시엔짜이 샹빤 더 띠팡 스 날

하루에 몇 시간씩 일하세요?

一天工作几个小时?

Yìtiān gōngzuò jǐge xiǎoshí

이티엔 꽁쭈어 지거 시아오스

Conversation

A: 你在哪儿工作?
B: 我在银行工作。

어디에서 일하세요?
은행에 근무합니다.

또박또박 쓰면서 말해볼까요?

>> 말하기 <<

✏ 你在哪个公司工作?

✏ 你在公司担任什么工作?

✏ 你平时怎么上班?

✏ 上班时需要多长时间?

✏ 你现在上班的地方是哪儿?

✏ 一天工作几个小时?

Unit 06 직장생활에 대해 말할 때

>> 녹음을 듣고 소리내어 읽어볼까요?

 듣기

오늘 저는 야근해야 해요.
今天我要加班。
Jīntiān wǒ yào jiābān
찐티엔 워 야오 지아빤

이번 휴가는 며칠이에요?
这次你休几天?
Zhècì nǐ xiū jǐtiān
쩌츠 니 시우 지티엔

오늘도 잔업하세요?
今天又加班吗?
Jīntiān yòu jiābān ma
찐티엔 여우 지아빤 마

잠시 휴식합시다.
暂时休息吧。
Zànshí xiūxī ba
짠스 시우시 바

다 했어요?
你做完了吗?
Nǐ zuòwánle ma
니 쭈어완러 마

아직 다 못했어요.
我还没做完。
Wǒ hái méi zuòwán
워 하이 메이 쭈어완

Conversation

A: 你这几天是不是很忙?
B: 啊, 这几天公司总加班, 有点儿忙。

요즘 많이 바쁘신가 봐요?
아이고, 요즘 회사에서 야근을 자주해서 조금 바빠요.

 >> 또박또박 쓰면서 말해볼까요?  >> 말하기 <<

今天我要加班。

这次你休几天?

今天又加班吗?

暂时休息吧。

你做完了吗?

我还没做完。

Unit 07 직업에 대해 말할 때

>> 녹음을 듣고 소리내어 읽어볼까요? 　　　《 듣기 》

어떤 일을 하세요?

你是做什么工作的?

Nǐ shì zuò shénme gōngzuò de
니 스 쭈어 션머 꽁쭈어 더

직업이 어떻게 되세요?

你的职业是什么?

Nǐ de zhíyè shì shénme
니 더 즈이에 스 션머

어디서 일하세요?

你在哪儿工作?

Nǐ zài nǎr gōngzuò
니 짜이 날 꽁쭈어

전 자영업자입니다.

我是个个体营业者。

Wǒ shì gè gètǐ yíngyèzhě
워 스 꺼 끄어티 잉이에저

저는 무역을 하는 사람입니다.

我是做贸易的。

Wǒ shì zuò màoyì de
워 스 쭈어 마오이 더

저는 노동자입니다.

我是工人。

Wǒ shì gōngrén
워 스 꽁런

A: 我是做生意的。
B: 是吗? 最近买卖怎么样啊?

저는 장사를 하는 사람입니다.
그렇습니까? 요즘 장사는 어때요?

 >> 또박또박 쓰면서 말해볼까요? >> 말하기 <<

✏ 你是做什么工作的?

✏ 你的职业是什么?

✏ 你在哪儿工作?

✏ 我是个个体营业者。

✏ 我是做贸易的。

✏ 我是工人。

Unit 08 우정과 사랑에 대해 말할 때

>> 녹음을 듣고 소리내어 읽어볼까요?

그는 제 친한 친구예요.
他是我的好朋友。
Tā shì wǒ de hǎopéngyou
타 스 워 더 하오펑여우

우린 친한 친구잖아.
我们是好朋友。
Wǒmen shì hǎopéngyǒu
워먼 스 하오펑여우

날 어떻게 생각해요?
你觉得我怎么样？
Nǐ juéde wǒ zěnmeyàng
니 쥐에더 워 전머양

너를 사랑해!
我爱你！
Wǒ ài nǐ
워 아이 니

사실 널 정말 사랑해.
说实话，我是真爱你。
Shuō shíhuà, wǒ shì zhēnài nǐ
수어 스후아, 워 스 쩐아이 니

널 무척 좋아해.
我非常喜欢你。
Wǒ fēicháng xǐhuan nǐ
워 페이창 시후안 니

Conversation

A: 他是你男朋友吗？
B: 我哪儿有男朋友啊。

그 남자가 남자친구니?
내가 남자친구가 어디 있어.

>> 또박또박 쓰면서 말해볼까요?  >> 말하기 <<

- 他是我的好朋友。
- 我们是好朋友。
- 你觉得我怎么样?
- 我爱你!
- 说实话，我是真爱你。
- 我非常喜欢你。

Unit 09 결혼에 대해 말할 때

>> 녹음을 듣고 소리내어 읽어볼까요?   듣기

결혼하셨어요?
你成家了吗?
Nǐ chéngjiā le ma
니 청지아 러 마

결혼한 지 얼마나 됐어요?
你们结婚多长时间了?
Nǐmen jiéhūn duō cháng shíjiān le
니먼 지에훈 뚜어 창 스지엔 러

저희 결혼식에 와주세요.
请你参加我们的婚礼。
Qǐng nǐ cānjiā wǒmen de hūnlǐ
칭 니 찬지아 워먼 더 훈리

신혼여행은 어디로 가세요?
你们去哪儿度蜜月呢?
Nǐmen qùnǎr dù mìyuè ne
니먼 취날 뚜 미위에 너

저 이번에 결혼해요.
我要结婚了。
Wǒ yào jiéhūnle
워 야오 지에훈러

난 이미 결혼했어요.
我已经结婚了。
Wǒ yǐjīng jiéhūnle
워 이징 지에훈러

Conversation

A: 你们俩怎么认识的?
B: 是朋友介绍的。

두 분은 어떻게 만나셨어요?
친구가 소개해줬어요.

>> 또박또박 쓰면서 말해볼까요?　　　　　　　　　　　　　　　　　>> 말하기 <<

✎ 你成家了吗?

✎ 你们结婚多长时间了?

✎ 请你参加我们的婚礼。

✎ 你们去哪儿度蜜月呢?

✎ 我要结婚了。

✎ 我已经结婚了。

Unit 10 중국 생활에 대해 말할 때

>> 녹음을 듣고 소리내어 읽어볼까요?   **듣기**

중국엔 언제 오셨어요?
你是什么时候来中国的?
Nǐ shì shénmeshíhòu lái Zhōngguó de
니 스 션머스허우 라이 쫑구어 더

중국에서는 어떻게 지내세요?
在中国，过得怎么样?
Zài Zhōngguó, guò de zěnmeyàng
짜이 쫑구어, 꾸어 더 전머양

중국 생활은 어떠세요?
在中国生活怎么样?
Zài Zhōngguó shēnghuó zěnmeyàng
짜이 쫑구어 성후어 전머양

몇 년도에 중국에 왔어요?
你是哪一年到中国的?
Nǐ shì nǎ yìnián dào Zhōngguó de
니 스 나 이니엔 따오 쫑구어 더

베이징에 얼마나 사셨어요?
你在北京住了多久了?
Nǐ zài Běijīng zhùle duōjiǔ le
니 짜이 베이찡 쭈러 뚜어지어우 러

중국 생활하면서 음식은 입에 맞나요?
在中国生活，饮食方面习惯吗?
Zài Zhōngguó shēnghuó, yǐnshí fāngmiàn xíguàn ma
짜이 쫑구어 성후어, 인스팡미엔 시꾸안 마

Conversation

A: 在中国生活，饮食方面习惯吗?
B: 我原来就喜欢吃中国菜。

중국 생활하면서 음식은 입에 맞나요?
전 원래 중국음식을 좋아해요.

또박또박 쓰면서 말해볼까요?

>> 말하기

你是什么时候来中国的？

在中国，过得怎么样？

在中国生活怎么样？

你是哪一年到中国的？

你在北京住了多久了？

在中国生活，饮食方面习惯吗？

● 앞에서 배운 대화 내용의 병음입니다. 녹음을 듣고 또박또박 읽어 보세요.

Unit 01 개인 신상에 대해 말할 때

A: Qǐngwèn, nǐ jīnnián duō dà le?
B: Wǒ jīnián sānshíwǔsuì le.

Unit 02 가족에 대해 말할 때

A: Nǐ jiā yǒu jǐkǒu rén?
B: Wǒjiā yǒu sìkǒu rén.

Unit 03 학교에 대해 말할 때

A: Nǐ shì xuéshēng ma?
B: Búshì, wǒ shì gōngsī zhíyuán.

Unit 04 학교생활에 대해 말할 때

A: Nǐ jīntiān yǒu jǐ mén kè?
B: Yǒu sì mén kè, xiàwǔ liǎngdiǎn xiàkè.

Unit 05 직장에 대해 말할 때

A: Nǐ zài nǎr gōngzuò?
B: Wǒ zài yínháng gōngzuò.

Unit 06 직장생활에 대해 말할 때

A: Nǐ zhè jǐtiān shìbushì hěn máng?
B: Ā, zhè jǐ tiān gōngsī zǒng jiābān, yǒudiǎnr máng.

Unit 07 직업에 대해 말할 때

A: Wǒ shì zuòshēngyì de.
B: Shìma? Zuìjìn mǎimài zěnmeyàng a?

Unit 08 우정과 사랑에 대해 말할 때

A: Tā shì nǐ nánpéngyou ma?
B: Wǒ nǎr yǒu nánpéngyou a.

Unit 09 결혼에 대해 말할 때

A: Nǐmen liǎ zěnme rènshi de?
B: Shì péngyou jièshào de.

Unit 10 중국 생활에 대해서

A: Zài Zhōngguó shēnghuó, yǐnshífāngmiàn xíguàn ma?
B: Wǒ yuánlái jiù xǐhuan chī Zhōngguócài.

PART 04

你汉语说得真好.

✭ 눈으로 읽고
✭ 귀로 듣고
✭ 손으로 쓰고
✭ 입으로 소리내어 말한다!

감정 표현

 **Unit 01 축하할 때**

» 녹음을 듣고 소리내어 읽어볼까요?   듣기

축하드립니다.
祝贺你。
Zhùhè nǐ
쭈흐어 니

축하합니다.
恭喜。 / 恭喜恭喜。
Gōngxǐ　　　Gōngxǐ gōngxǐ
꽁시　　　　꽁시 꽁시

저도 축하드립니다.
同喜，同喜！
Tóngxǐ, tóngxǐ
통시, 통시

생일 축하합니다.
祝你生日快乐。
Zhù nǐ shēngrìkuàilè
쭈 니 셩르쿠아이러

졸업을 축하합니다.
恭喜你毕业了。
Gōngxǐ nǐ bìyèle
꽁시 니 삐이에러

취업을 축하드립니다.
恭喜你找到工作了。
Gōngxǐ nǐ zhǎodào gōngzuòle
꽁시 니 자오따오 꽁쭈어러

Conversation

A: 祝贺你!
B: 谢谢。
　　축하해요.
　　고마워요.

>> 또박또박 쓰면서 말해볼까요?   >> 말하기

祝贺你。

恭喜。／恭喜恭喜。

同喜，同喜!

祝你生日快乐。

恭喜你毕业了。

恭喜你找到工作了。

 # Unit 02 환영할 때

» 녹음을 듣고 소리내어 읽어볼까요?

환영합니다!
欢迎欢迎!
Huānyíng huānyíng
후안잉 후안잉

어서오세요!
欢迎光临!
Huānyíng guānglín
후안잉 꾸앙린

와 주셔서 감사합니다.
谢谢您的光临。
Xièxie nín de guānglín
시에시에 닌 더 꾸앙린

박수로 환영합니다.
我们鼓掌欢迎。
Wǒmen gǔzhǎnghuānyíng
워먼 구장후안잉

한국에 오신 것을 환영합니다.
欢迎你来韩国访问。
Huānyíng nǐ lái Hánguó fǎngwèn
후안잉 니 라이 한구어 팡원

다음에 또 오세요!
欢迎下次再来!
Huānyíng xiàcì zài lái
후안잉 시아츠 짜이 라이

Conversation

A: 你们好, 初次见面。
B: 欢迎欢迎, 快请进。

안녕하세요, 처음 뵙겠습니다.
어서 오세요, 들어오세요.

>> 또박또박 쓰면서 말해볼까요?　　　　　　　　　　　　　　　　>> 말하기

✎ 欢迎欢迎！

✎ 欢迎光临！

✎ 谢谢您的光临。

✎ 我们鼓掌欢迎。

✎ 欢迎你来韩国访问。

✎ 欢迎下次再来！

 **Unit 03 행운을 빌 때**

>> 녹음을 듣고 소리내어 읽어볼까요?

행복하시길 빕니다.
祝你们生活幸福!
Zhù nǐmen shēnghuó xìngfú
쭈 니먼 성후어 싱푸

성공을 빌겠습니다.
祝你成功。
Zhù nǐ chénggōng
쭈 니 청꽁

잘되길 바랍니다.
祝你一切顺利。
Zhù nǐ yíqiè shùnlì
쭈 니 이치에 쑨리

행운이 있기를 바랍니다.
祝你好运。
Zhù nǐ hǎoyùn
쭈 니 하오윈

새해 복많이 받으십시오.
新年快乐。
Xīnniánkuàilè
신니엔쿠아이러

부자 되세요!
恭喜发财!
Gōngxǐfācái
꽁시파차이

Conversation

A: 新年到了, 新的一年开始了。
B: 万事如意, 恭喜发财!

새해가 밝았네요, 새로운 한 해가 시작됐어요.
만사형통하시고 부자 되세요!

 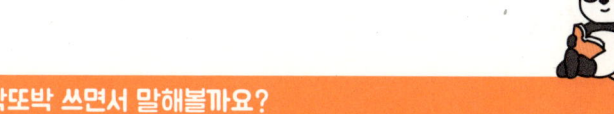 

> 또박또박 쓰면서 말해볼까요?   >> 말하기 <<

祝你们生活幸福!

祝你成功。

祝你一切顺利。

祝你好运。

新年快乐。

恭喜发财!

# Unit 04 기쁘거나 즐거울 때

>> 녹음을 듣고 소리내어 읽어볼까요?   **듣기**

만세!
万岁!
Wànsuì
완쑤에이

정말 기분 좋아요.
我真高兴。
Wǒ zhēn gāoxìng
워 쩐 까오싱

너무 행복해요.
我太幸福了。
Wǒ tài xìngfú le
워 타이 싱푸 러

오늘 무척 기뻐요.
今天我很高兴。
Jīntiān wǒ hěngāoxing
찐티엔 워 흐언까오싱

오늘 아주 신나게 놀았어요.
今天玩儿得很愉快。
Jīntiān wánr de hěn yúkuài
찐티엔 왈 더 흐언 위쿠아이

만족해요.
我很满意。
Wǒ hěn mǎnyì
워 흐언 만이

Conversation

A: 好玩儿吗?
B: 玩儿得很痛快!

재미있었어요?
정말 재미있었어요.

또박또박 쓰면서 말해볼까요? >> 말하기

✏ 万岁！

✏ 我真高兴。

✏ 我太幸福了。

✏ 今天我很高兴。

✏ 今天玩儿得很愉快。

✏ 我很满意。

Unit 05 감탄하거나 칭찬할 때

≫ 녹음을 듣고 소리내어 읽어볼까요?

대단해요!
真棒!
Zhēn bàng
쩐 빵

멋지네요!
太壮观了!
Tài zhuàngguān le
타이 주앙꾸안 러

너무 재미있네요!
真有意思!
Zhēn yǒuyìsi
쩐 여우이쓰

너무 맛있네요!
太好吃了!
Tài hǎochī le
타이 하오츠 러

정말 잘했어요.
你干得真好。
Nǐ gàn de zhēnhǎo
니 깐 더 쩐하오

정말 대단하네요.
你真了不起!
Nǐ zhēn liǎobuqǐ
니 쩐 리아오부치

A: 你说汉语说得真好。
B: 你过奖了，还差得远啊。

중국어를 정말 잘하시네요.
과찬이세요, 아직 부족한걸요.

또박또박 쓰면서 말해볼까요?

✎ 真棒!

✎ 太壮观了!

✎ 真有意思!

✎ 太好吃了!

✎ 你干得真好。

✎ 你真了不起!

Unit 06 후회하거나 실망할 때

>> 녹음을 듣고 소리내어 읽어볼까요? **듣기**

정말 실망이에요.
真让人失望。
Zhēn ràng rén shīwàng
쩐 랑 런 스왕

후회가 막심해요.
真是后悔莫及啊。
Zhēnshì hòuhuǐmòjí a
쩐스 허우후에이모지 아

이젠 너무 늦었어요.
现在已经太晚了。
Xiànzài yǐjīng tài wán le
시엔짜이 이징 타이 완 러

당신한테 너무 실망했어요.
我对你太失望了。
Wǒ duì nǐ tài shīwàng le
워 뚜에이 니 타이 스왕 러

낙담하지 말아요.
不要气馁。
Búyào qìněi
부야오 치네이

실망하지 마세요.
别失望。
Bié shīwàng
비에 스왕

Conversation

A: 这次又失败了, 真惭愧。
B: 别太失望了, 还会有机会的。

이번에도 실패했어요, 정말 부끄러워요.
너무 실망하지 말아요, 또 기회가 있을 거예요.

또박또박 쓰면서 말해볼까요?　　　　　　　　　　말하기

真让人失望。

真是后悔莫及啊。

现在已经太晚了。

我对你太失望了。

不要气馁。

别失望。

 **Unit 07 화날 때**

» 녹음을 듣고 소리내어 읽어볼까요?   **듣기**

정말 열 받네!
真气人!
Zhēn qì rén
쩐 치 런

정말 화가 나 미치겠어!
真气死了!
Zhēn qì sǐle
쩐 치 쓰러

난 더 이상 못 참아.
我受够了。
Wǒ shòu gòule
워 셔우 꺼우러

아직도 나한테 화났어요?
你还生我的气吗?
Nǐ hái shēng wǒ de qì ma
니 하이 셩 워 더 치 마

화내지 마세요.
别生气了。
Bié shēngqì le
비에 셩치 러

화 좀 풀어요.
你消消气吧。
Nǐ xiāoxiaoqì ba
니 시아오시아오치 바

 **Conversation**

A: 请你不要惹我生气。
B: 你怎么向我发脾气?

날 화나게 하지 마세요.
왜 오히려 저한테 화를 내세요?

>> 또박또박 쓰면서 말해볼까요?　　　　　　　　　　　　　　>> 말하기 <<

真气人!

真气死了!

我受够了。

你还生我的气吗?

别生气了。

你消消气吧。

Unit 08 슬프거나 외로울 때

>> 녹음을 듣고 소리내어 읽어볼까요?   듣기

슬퍼요.
我很悲哀。
Wǒ hěn bēi'āi
워 흐언 뻬이아이

속상해서 울고 싶어요.
我伤心得要哭了。
Wǒ shāngxīn de yào kūle
워 샹신 더 야오 쿠러

마음이 아프네요.
我心里很难受。
Wǒ xīnli hěn nánshòu
워 신리 흐언 난셔우

정말 슬퍼요.
心里好难过。
Xīnli hǎo nánguò
신리 하오 난꾸어

외로워요.
很寂寞。
Hěn jīmò
흐언 지모어

너무 상심하지 마세요.
你不要太伤心吧。
Nǐ búyào tài shāngxīn ba
니 부야오 타이 샹신 바

Conversation

A: 你到底怎么了?
B: 昨天我们分手了, 心里真难受。

도대체 무슨 일이니?
어제 우리 헤어지기로 했어. 마음이 힘드네.

>> 또박또박 쓰면서 말해볼까요?   >> 말하기 <<

✏ 我很悲哀。

✏ 我伤心得要哭了。

✏ 我心里很难受。

✏ 心里好难过。

✏ 很寂寞。

✏ 你不要太伤心吧。

Unit 09 놀랍거나 무서울 때

>> 녹음을 듣고 소리내어 읽어볼까요?   **듣기**

맙소사!
我的天啊!
Wǒ de tiān a
워 더 티엔 아

오, 안 돼!
噢，不行!
Ō, bùxíng
오, 뿌싱

아, 정말 끔찍해요!
唷，真恐怖!
Yō, Zhēn kǒngbù
요, 쩐 콩뿌

놀랍군요!
真惊人!
Zhēn jīngrén
쩐 찡런

무서워요.
我害怕。
Wǒ hàipà
워 하이파

무서워하지 마요!
别怕，不要怕!
Bié pà, búyào pà
비에 파, 부야오 파

Conversation

A: 哟, 吓死了!
B: 怎么样, 吓着了吧?

아이, 깜짝이야!
어때, 놀랐지?

학습일
/

>> 또박또박 쓰면서 말해볼까요?

>> 말하기 <<

我的天啊!

噢, 不行!

唷, 真恐怖!

真惊人!

我害怕。

别怕, 不要怕!

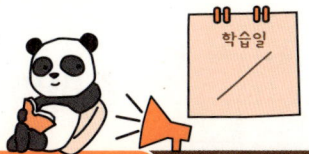

 # 좋아하거나 싫어할 때

>> 녹음을 듣고 소리내어 읽어볼까요?   듣기

어떤 운동을 좋아해요?

你喜欢什么运动?

Nǐ xǐhuan shénme yùndòng
니 시후안 셤머 윈뚱

어떤 날씨를 좋아하세요?

你喜欢什么季节?

Nǐ xǐhuan shénme jìjié
니 시후안 셤머 지지에

전 음악 듣는 걸 좋아해요.

我喜欢听音乐。

Wǒ xǐhuan tīng yīnyuè
워 시후안 팅 인위에

전 운동에 흥미가 없어요.

我对运动不感兴趣。

Wǒ duì yùndòng bù gǎnxìngqù
워 뚜에이 윈뚱 뿌 간싱취

난 그이를 좋아하지 않아요.

我不喜欢他。

Wǒ bù xǐhuan tā
워 뿌 시후안 타

난 춤추는 걸 무척 싫어해요.

我最讨厌跳舞。

Wǒ zuì tǎoyàn tiàowǔ
워 쭈에이 타오이엔 티아오우

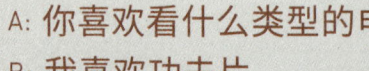

A: 你喜欢看什么类型的电影?
B: 我喜欢功夫片。

어떤 영화를 좋아하세요?
무술영화를 좋아해요.

또박또박 쓰면서 말해볼까요?

>> 말하기

✏ 你喜欢什么运动?

✏ 你喜欢什么季节?

✏ 我喜欢听音乐。

✏ 我对运动不感兴趣。

✏ 我不喜欢他。

✏ 我最讨厌跳舞。

 대화 연습 PART 04

● 앞에서 배운 대화 내용의 병음입니다. 녹음을 듣고 또박또박 읽어 보세요.

Unit 01 축하할 때

A: Zhùhè nǐ!
B: Xièxie.

Unit 02 환영할 때

A: Nǐmen hǎo, chūcì jiànmiàn.
B: Huānyíng huānyíng, kuài qǐngjìn.

Unit 03 행운을 빌 때

A: Xīnnián dàole, xīn de yìnián kāishǐle.
B: Wànshìrúyì, gōngxǐfācái!

Unit 04 기쁘거나 즐거울 때

A: Hǎowán ma?
B: Wánr de hěn tòngkuài!

Unit 05 감탄하거나 칭찬할 때

A: Nǐ shuō Hànyǔ shuō de zhēnhǎo.
B: Nǐ guòjiǎngle, hái chà de yuǎn a.

Unit 06 후회하거나 실망할 때

A: Zhècì yòu shībàile, zhēn cánkuì.
B: Bié tài shīwàng le, hái huì yǒu jīhuì de.

Unit 07 화날 때

A: Qǐng nǐ búyào rě wǒ shēngqì.
B: Nǐ zěnme xiàng wǒ fāpíqi?

Unit 08 슬프거나 외로울 때

A: Nǐ dàodǐ zěnme le?
B: Zuótiān wǒmen fēnshǒule, xīnli zhēn nánshòu.

Unit 09 놀랍거나 무서울 때

A: Yō, xià sǐle!
B: Zěnmeyàng, xiàzháo le ba?

Unit 10 좋아하거나 싫어할 때

A: Nǐ xǐhuan kàn shénme lèixíng de diànyǐng?
B: Wǒ xǐhuan gōngfupiàn.

PART 05

你汉语说得真好.

✤ 눈으로 읽고
✤ 귀로 듣고
✤ 손으로 쓰고
✤ 입으로 소리내어 말한다!

화제
표현

 **Unit 01 건강에 대해 말할 때**

>> 녹음을 듣고 소리내어 읽어볼까요?   **듣기**

건강은 어떠세요?
你身体好吗?
Nǐ shēntǐ hǎo ma
니 션티 하오 마

안색이 안 좋아 보여요.
我看你脸色不好。
Wǒ kàn nǐ liǎnsè bùhǎo
워 칸 니 리엔써 뿌하오

요 며칠 몸이 좋지 않아요.
这几天身体不太舒服。
Zhè jǐtiān shēntǐ bú tài shūfu
쩌 지티엔 션티 부 타이 수푸

건강보다 중요한 게 없어요.
没有比健康更重要的。
Méiyǒu bǐ jiànkāng gèngzhòngyào de
메이여우 비 지엔캉 끄엉쫑야오 더

좀 쉬도록 하세요.
休息休息吧。
Xiūxixiūxi ba
시우시시우시 바

빨리 건강을 회복하세요.
祝你早日恢复健康。
Zhù nǐ zǎorìhuīfù jiànkāng
쭈 니 자오르후에이푸 지엔캉

Conversation

A: 最近你身体好吗?
B: 还行。

요즘 건강은 어떠세요?
괜찮습니다.

>> 또박또박 쓰면서 말해볼까요?　　　　　　　　　　　　　　　>> 말하기 <<

✏ 你身体好吗?

✏ 我看你脸色不好。

✏ 这几天身体不太舒服。

✏ 没有比健康更重要的。

✏ 休息休息吧。

✏ 祝你早日恢复健康。

Unit 02 성격에 대해 말할 때

>> 녹음을 듣고 소리내어 읽어볼까요?   **듣기**

그이는 성격이 어때요?
他的性格怎么样？
Tā de xìnggé zěnmeyàng
타 더 싱거 전머양

제 성격은 약간 내성적이에요.
我的性格有点儿内向。
Wǒ de xìnggé yǒudiǎnr nèixiàng
워 더 싱거 여우디얄 네이시앙

그녀의 성격은 정말 이상해요.
她的脾气真奇怪。
Tā de píqì zhēn qíguài
타 더 피치 쩐 치꾸아이

저는 쾌활한 편입니다.
我这个人比较开朗。
Wǒ zhège rén bǐjiào kāilǎng
워 쩌거 런 비지아오 카이랑

그는 뒤끝이 없는 사람이야.
他是个不记仇的人。
Tā shì ge bú jìchóu de rén
타 스 거 부 지처우 더 런

넌 성격이 정말 까다롭구나.
你的性格可真乖僻呀。
Nǐ de xìnggé kě zhēn guāipì ya
니 더 싱거 크어 쩐 꾸아이피 야

Conversation

A: 我看那个小伙子心眼儿不错。
B: 我也这么觉得。

제가 보기엔 저 친구가 마음씨가 좋을 것 같아요.
저도 그렇게 생각되어요.

또박또박 쓰면서 말해볼까요? >> 말하기

✎ 他的性格怎么样?

✎ 我的性格有点儿内向。

✎ 她的脾气真奇怪。

✎ 我这个人比较开朗。

✎ 他是个不记仇的人。

✎ 你的性格可真乖僻呀。

 **태도에 대해 말할 때**

>> 녹음을 듣고 소리내어 읽어볼까요? **듣기**

그 사람 됨됨이는 어때요?
他的为人怎么样?
Tā de wéirén zěnmeyàng
타 더 웨이런 전머양

모두 그 사람을 좋아해요.
大家都喜欢他。
Dàjiā dōu xǐhuan tā
따지아 떠우 시후안 타

저 사람은 정말 믿을만해요.
那个人真可靠。
Nàge rén zhēn kěkǎo
나거 런 쩐 크어카오

그 사람은 대단히 성실해요.
他工作非常认真。
Tā gōngzuò fēicháng rènzhēn
타 꽁쭈어 페이창 런쩐

그 사람은 안하무인이야.
他目中无人。
Tā mùzhōngwúrén
타 무쫑우런

그 사람은 예의가 전혀 없는 사람이야.
他是一点儿也没有礼貌的人。
Tā shì yìdiǎnr yě méiyǒu lǐmào de rén
타 스 이디알 이에 메이여우 리마오 더 런

A: 他的为人怎么样?
B: 他很老实, 工作也非常认真。

그 사람 됨됨이는 어때요?
성실하고 일도 열심히 해요.

>> 또박또박 쓰면서 말해볼까요?   >> 말하기

- 他的为人怎么样?

- 大家都喜欢他。

- 那个人真可靠。

- 他工作非常认真。

- 他目中无人。

- 他是一点儿也没有礼貌的人。

 # Unit 04 외모에 대해 말할 때

>> 녹음을 듣고 소리내어 읽어볼까요?   **듣기**

키가 어떻게 되죠?
你身高有多高?
Nǐ shēngāo yǒu duō gāo
니 션까오 여우 뚜어 까오

몸무게가 어떻게 되죠?
体重是多少?
Tǐzhòng shì duōshao
티쫑 스 뚜어샤오

정말 부러워요, 그렇게 날씬하다니!
真羡慕你，那么苗条!
Zhēn xiànmù nǐ, nàme miáotiao
쩐 시엔무 니, 나머 미아오티아오

그녀는 정말 예쁘군요!
她真漂亮啊!
Tā zhēn piāoliàng a
타 쩐 피아오리앙 아

그 사람은 어떻게 생겼어요?
他长得怎么样?
Tā zhǎng de zěnmeyàng
타 장 더 전머양

외모는 별로 중요하지 않아요.
外貌不怎么重要的。
Wàimào bù zěnme zhòngyào de
와이마오 뿌 전머 쫑야오 더

Conversation

A: 你喜欢什么样的男人?
B: 我喜欢又高又帅，人品又好的男人。

어떤 남자를 좋아하죠?
키 크고 잘생기고 인품도 좋은 남자가 좋아요.

또박또박 쓰면서 말해볼까요? >> 말하기 <<

✏ 你身高有多高?

✏ 体重是多少?

✏ 真羡慕你，那么苗条!

✏ 她真漂亮啊!

✏ 他长得怎么样?

✏ 外貌不怎么重要的。

패션에 대해 말할 때

>> 녹음을 듣고 소리내어 읽어볼까요?

이런 스타일이 제게 어울려요?
这种款式适合我吗?
Zhèzhǒng kuǎnshì shìhé wǒ ma
쩌종 쿠안스 스흐어 워 마

당신은 뭘 입어도 잘 어울리네요.
你穿什么都很合适。
Nǐ chuān shénme dōu hěn héshì
니 추안 션머 떠우 흐언 흐어스

전 옷차림에 신경을 써요.
我穿衣服很讲究。
Wǒ chuān yīfu hěn jiǎngjiu
워 추안 이푸 흐언 지앙지어우

오늘 정말 멋진데요.
你今天真是太潇洒了。
Nǐ jīntiān zhēnshì tài xiāosǎ le
니 찐티엔 쩐스 타이 시아오싸 러

요즘은 어떤 스타일이 유행이죠?
最近流行什么样式的?
Zuìjìn liúxíng shénme yàngshì de
쭈에이진 리우싱 션머 이앙스 더

이게 지금 유행하는 패션입니다.
这是现在流行的时装。
Zhè shì xiànzài liúxíng de shízhuāng
쩌 스 시엔짜이 리우싱 더 스주앙

A: 这种款式适合我吗?
B: 还可以, 挺合适的。

이런 스타일이 제게 어울리나요?
괜찮아요, 아주 잘 어울려요.

>> 또박또박 쓰면서 말해볼까요? >> 말하기 <<

✏ 这种款式适合我吗?

✏ 你穿什么都很合适。

✏ 我穿衣服很讲究。

✏ 你今天真是太潇洒了。

✏ 最近流行什么样式的?

✏ 这是现在流行的时装。

 # Unit 06 시간에 대해 말할 때

>> 녹음을 듣고 소리내어 읽어볼까요?   듣기

지금 몇 시죠?
现在几点?
Xiànzài jǐdiǎn
시엔짜이 지디엔

몇 시에 출근하세요?
你几点上班?
Nǐ jǐdiǎn shàngbān
니 지디엔 샹빤

언제 돌아오세요?
什么时候回来?
Shénmeshíhou huílái
션머스허우 후에이라이

몇 시에 올 거예요?
你几点过来?
Nǐ jǐdiǎn guòlái?
니 지디엔 꾸어라이

시간이 얼마나 걸려요?
需要多长时间?
Xūyào duō cháng shíjiān
쉬야오 뚜어 창 스지엔

시간 있으세요?
你有空吗?
Nǐ yǒukòng ma
니 여우콩 마

Conversation

A: 请问, 现在几点?
B: 差五分十二点。

말씀 좀 여쭐게요, 지금 몇 시죠?
12시 5분 전입니다.

110 • 쓰면서 말해봐 기본편

>> 또박또박 쓰면서 말해볼까요? >> 말하기

- 现在几点?

- 你几点上班?

- 什么时候回来?

- 你几点过来?

- 需要多长时间?

- 你有空吗?

Unit 07 날짜와 요일에 대해 말할 때

>> 녹음을 듣고 소리내어 읽어볼까요?

오늘은 며칠이죠?
今天几月几号?
Jīntiān jǐ yuè jǐ hào
찐티엔 지 위에 지 하오

오늘은 무슨 요일이에요?
今天星期几?
Jīntiān xīngqī jǐ
찐티엔 싱치 지

당신 생일은 몇 월 며칠이죠?
你的生日是几月几号?
Nǐ de shēngrì shì jǐ yuè jǐ hào
니 더 셩르 스 지 위에 지 하오

다음 주말에 시간 있어요?
下个周末你有空吗?
Xiàge zhōumò nǐ yǒukōng ma
시아꺼 쩌우모어 니 여우콩 마

몇 년도에 태어나셨어요?
你是哪一年出生的?
Nǐ shì nǎ yìnián chūshēng de
니 스 나 이니엔 추셩 더

오늘은 무슨 날이에요?
今天是什么日子?
Jīntiān shì shénme rìzi
찐티엔 스 션머 르즈

Conversation

A: 今天是几月几号?
B: 今天是十月一号。

오늘 몇 월 며칠이니?
오늘 10월 1일이야.

>> 또박또박 쓰면서 말해볼까요?   >> 말하기

- 今天几月几号?

- 今天星期几?

- 你的生日是几月几号?

- 下个周末你有空吗?

- 你是哪一年出生的?

- 今天是什么日子?

 # Unit 08 날씨에 대해 말할 때

>> 녹음을 듣고 소리내어 읽어볼까요? 듣기

오늘 날씨 어때요?
今天天气怎么样?
Jīntiān tiānqì zěnmeyàng
찐티엔 티엔치 전머양

날씨 참 좋죠?
今天天气真好, 是吧?
Jīntiān tiānqì zhēnhǎo, shì ba
찐티엔 티엔치 쩐하오, 스 바

오늘 날씨는 정말 안 좋아요.
今天天气真不好。
Jīntiān tiānqì zhēn bùhǎo
찐티엔 티엔치 쩐 뿌하오

오늘은 비가 내릴까요?
今天有雨吗?
Jīntiān yǒu yǔ ma
찐티엔 여우 위 마

밖에 바람이 세차게 불어요.
外边刮大风呢。
Wàibiān guā dàfēng ne
와이삐엔 꾸아 따펑 너

오늘 일기예보에선 뭐라던가요?
今天的天气预报怎么说?
Jīntiān de tiānqìyùbào zěnmeshuō
찐티엔 더 티엔치위빠오 전머수어

 Conversation

A: 你喜欢这种天气吗?
B: 我不太喜欢这种干燥的天气。

어떤 날씨를 좋아해요?
이런 건조한 날씨는 싫어요.

또박또박 쓰면서 말해볼까요? 　>> 말하기 <<

✎ 今天天气怎么样?

✎ 今天天气真好, 是吧?

✎ 今天天气真不好。

✎ 今天有雨吗?

✎ 外边刮大风呢。

✎ 今天的天气预报怎么说?

Unit 09 계절에 대해 말할 때

>> 녹음을 듣고 소리내어 읽어볼까요?   듣기

당신은 어느 계절을 가장 좋아하세요?
你喜欢哪个季节？
Nǐ xǐhuan nǎge jìjié
니 시후안 나거 찌지에

드디어 봄이 왔어요.
春天终于到了。
Chūntiān zhōngyú dàole
춘티엔 쭝위 따오러

봄에는 날씨가 어때요?
春天天气怎么样？
Chūntiān tiānqì zěnmeyàng
춘티엔 티엔치 전머양

여름은 아주 더워요.
夏天很热。
Xiàtiān hěn rè
시아티엔 흐언 르어

가을 날씨는 아주 시원해요.
秋天的天气很凉爽。
Qiūtiān de tiānqì hěn liángshuǎng
치우티엔 더 티엔치 흐언 리앙수앙

올 겨울은 너무 추워요.
今年冬天很冷。
Jīnniándōngtiān hěn lěng
찐니엔똥티엔 흐언 렁

Conversation

A: 你喜欢哪个季节？
B: 我喜欢秋天。

당신은 어느 계절을 좋아하세요?
전 가을을 좋아해요.

>> 또박또박 쓰면서 말해볼까요?   >> 말하기

✎ 你喜欢哪个季节？

✎ 春天终于到了。

✎ 春天天气怎么样？

✎ 夏天很热。

✎ 秋天的天气很凉爽。

✎ 今年冬天很冷。

# 음주와 흡연에 대해 말할 때

>> 녹음을 듣고 소리내어 읽어볼까요?

평소에 어느 정도 마셔요?
你一般喝多少?
Nǐ yìbān hē duōshao
니 이빤 흐어 뚜어샤오

전 술을 별로 안 마셔요.
我酒量不好。
Wǒ jiǔliàng bùhǎo
워 지어우리앙 뿌하오

전 한 잔만 마셔도 얼굴이 빨개져요.
我一喝酒就脸红。
Wǒ yì hējiǔ jiù lián hóng
워 이 흐어지어우 지어우 리엔 홍

술을 못 이겨요.
不胜酒力。
Búshèngjiǔlì
부셩지어우리

여기서 담배를 피워도 괜찮습니까?
这里可以抽烟吗?
Zhèli kěyǐ chōuyān ma
쩌리 크어이 처우이엔 마

전 술 담배를 할 줄 몰라요.
我不会抽烟喝酒。
Wǒ búhuì chōuyānhējiǔ
워 부후에이 처우이엔흐어지어우

Conversation

A: 你今天怎么不喝酒?
B: 我把酒戒了。

너 오늘 왜 술을 마시지 않니?
나 이제 술을 끊었어.

또박또박 쓰면서 말해볼까요?

✏ 你一般喝多少?

✏ 我酒量不好。

✏ 我一喝酒就脸红。

✏ 不胜酒力。

✏ 这里可以抽烟吗?

✏ 我不会抽烟喝酒。

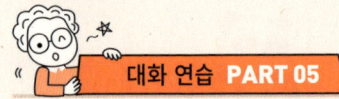 대화 연습 PART 05

● 앞에서 배운 대화 내용의 병음입니다. 녹음을 듣고 또박또박 읽어 보세요.

Unit 01 건강에 대해 말할 때

A: Zuìjìn nǐ shēntǐ hǎo ma?
B: Hái xíng.

Unit 02 성격에 대해 말할 때

A: Wǒ kàn nàge xiǎohuǒzi xīnyǎnr búcuò.
B: Wǒ yě zhème juéde.

Unit 03 태도에 대해 말할 때

A: Tā de wéirén zěnmeyàng?
B: Tā hěn lǎoshi, gōngzuò yě fēicháng rènzhēn.

Unit 04 외모에 대해 말할 때

A: Nǐ xǐhuan shénmeyàng de nánrén?
B: Wǒ xǐhuan yòugāoyòushuài, rénpǐn yòu hǎo de nánrén.

Unit 05 패션에 대해 말할 때

A: Zhèzhǒng kuǎnshì shìhé wǒ ma?
B: Hái kěyǐ, tǐng héshì de.

Unit 06 시간에 대해 말할 때

A: Qǐngwèn, xiànzài jǐdiǎn?
B: Chà wǔfēn shí'èrdiǎn.

Unit 07 날짜와 요일에 대해 말할 때

A: Jīntiān shì jǐ yuè jǐ hào?
B: Jīntiān shì shíyuè yī hào.

Unit 08 날씨에 대해 말할 때

A: Nǐ xǐhuan zhèzhǒng tiānqì ma?
B: Wǒ bú tài xǐhuan zhèzhǒng gānzào de tiānqì.

Unit 09 계절에 대해 말할 때

A: Nǐ xǐhuān nǎgè jìjié?
B: Wǒ xǐhuān qiūtiān.

Unit 10 음주와 흡연에 대해 말할 때

A: Nǐ jīntiān zěnme bù hējiǔ?
B: Wǒ bǎ jiǔ jièle.

PART 06

你汉语说得真好.

✿ 눈으로 읽고
✿ 귀로 듣고
✿ 손으로 쓰고
✿ 입으로 소리내어 말한다!

취미와 여가 표현

 # Unit 01 취미에 대해 말할 때

>> 녹음을 듣고 소리내어 읽어볼까요?

어떤 취미를 가지고 계십니까?
你有什么爱好?
Nǐ yǒu shénme àihǎo
니 여우 션머 아이하오

제 취미는 음악감상이에요.
我对欣赏音乐感兴趣。
Wǒ duì xīnshǎng yīnyuè gǎnxìngqù
워 뚜에이 신샹 인위에 간싱취

그건 내 취미에 맞지 않아요.
这个不合我口味。
Zhège bùhé wǒ kǒuwèi
쩌거 뿌흐어 워 커우웨이

여가시간에 어떤 취미가 있으세요?
您业余时间有什么爱好?
Nín yèyúshíjiān yǒu shénme àihào
닌 이에위스지엔 여우 션머 아이하오

왜 흥미를 느끼시죠?
你对什么感兴趣呢?
Nǐ duì shénme gǎnxìngqù ne
니 뚜에이 션머 간씽취 너

저의 취미는 다양해요.
我的兴趣很广泛。
Wǒ de xīngqù hěn guǎngfàn
워 더 씽취 흐언 구앙판

A: 你丈夫的爱好是什么?
B: 他对钓鱼产生了兴趣。你丈夫呢?

남편의 취미는 뭐니?
그이는 낚시에 취미를 가지게 되었어. 네 남편은?

 >> 또박또박 쓰면서 말해볼까요?

>> 말하기 <<

你有什么爱好?

我对欣赏音乐感兴趣。

这个不合我口味。

您业余时间有什么爱好?

你对什么感兴趣呢?

我的兴趣很广泛。

 **Unit 02 여가에 대해 말할 때**

>> 녹음을 듣고 소리내어 읽어볼까요? 　듣기

주말에는 주로 무얼 하세요?
周末主要干什么?
Zhōumò zhǔyào gànshénme
쩌우모어 주야오 깐션머

여가를 어떻게 보내세요?
你怎么打发闲暇?
Nǐ zěnme dǎfa xiánxiá
니 전머 다파 시엔시아

기분전환으로 무얼 하세요?
你用什么转换心情?
Nǐ yòng shénme zhuǎnhuàn xīnqíng
니 용 션머 주안후안 신칭

평소 어떤 일을 하면서 시간을 보내세요?
平时你做什么打发时间?
Píngshí nǐ zuòshénme dǎfashíjiān
핑스 니 쭈어션머 다파스지엔

일과 후에 무엇을 하세요?
工作之余干什么?
Gōngzuò zhīyú gànshénme
꽁쭈어 쯔위 깐션머

등산 좋아하세요?
你喜欢爬山吗?
Nǐ xǐhuan páshān ma
니 시후안 파샨 마

Conversation

A: 周末到了, 你有什么打算?
B: 我想跟家人一起去爬山。

주말인데 무슨 계획이 있어요?
가족들과 함께 등산갈 생각이에요.

 >> 또박또박 쓰면서 말해볼까요?  >> 말하기 <<

✏ 周末主要干什么?

✏ 你怎么打发闲暇?

✏ 你用什么转换心情?

✏ 平时你做什么打发时间?

✏ 工作之余干什么?

✏ 你喜欢爬山吗?

 # Unit 03 오락에 대해 말할 때

>> 녹음을 듣고 소리내어 읽어볼까요? 듣기

이 근처에 가라오케는 있어요?
这附近有卡拉OK吗?
Zhè fùjìn yǒu kǎlaOK ma
쩌 푸진 여우 카라오케 마

한국 노래를 할 줄 아세요?
你会唱韩国歌吗?
Nǐ huì chàng Hánguó gē ma
니 후에이 창 한구어 끄어 마

무슨 노래를 부르시겠어요?
你唱什么歌?
Nǐ chàng shénme gē
니 창 션머 끄어

당신이 선곡하세요?
你来选歌吧?
Nǐ lái xuǎn gē ba
니 라이 쉬엔 끄어 바

함께 춤을 출까요?
可以和我跳个舞么?
Kěyǐ hé wǒ tiàogèwǔ me
크어이 흐어 워 티아오꺼우 머

마작 할 줄 아세요?
你会打麻将吗?
Nǐ huì dǎ májiàng ma
니 후에이 다 마지앙 마

A: 你先唱一首吧。
B: 我唱得不好听。
　노래 한 곡 해봐!
　안 돼. 난 노래 못해.

>> 또박또박 쓰면서 말해볼까요? >> 말하기

✎ 这附近有卡拉OK吗?

✎ 你会唱韩国歌吗?

✎ 你唱什么歌?

✎ 你来选歌吧?

✎ 可以和我跳个舞么?

✎ 你会打麻将吗?

 **Unit 04 책과 신문잡지에 대해 말할 때**

» 녹음을 들고 소리내어 읽어볼까요?   듣기

책을 많이 읽으세요?
看得多吗?
Kàn de duō ma
칸 더 뚜어 마

이 책 읽어 봤어요?
你读过这本书吗?
Nǐ dú guo zhèběnshū ma
니 두 구어 쩌번수 마

어떤 책을 즐겨 읽으세요?
你喜欢读什么样的书?
Nǐ xǐhuan dú shénmeyàng de shū
니 시후안 두 션머양 더 수

좋아하는 작가는 누구세요?
你喜欢的作家是谁?
Nǐ xǐhuan de zuòjiā shì shuí
니 시후안 더 쭈어지아 스 수에이

무슨 신문을 보세요?
你看什么报纸?
Nǐ kàn shénme bàozhǐ
니 칸 션머 빠오즈

집에서 자동차 잡지를 구독해 보고 있어요.
家里订阅汽车杂志。
Jiāli dìngyuè qìchē zázhì
지아리 딩위에 치처 자쯔

Conversation
A: 你喜欢读什么样的书?
B: 我喜欢在地铁上读小说。
어떤 책을 즐겨 읽으십니까?
저는 지하철에서 소설을 즐겨 봅니다.

 >> 또박또박 쓰면서 말해볼까요?   >> 말하기

✎ 看得多吗?

✎ 你读过这本书吗?

✎ 你喜欢读什么样的书?

✎ 你喜欢的作家是谁?

✎ 你看什么报纸?

✎ 家里订阅汽车杂志。

 # Unit 05 음악에 대해 말할 때

>> 녹음을 듣고 소리내어 읽어볼까요? 　듣기

어떤 음악을 가장 좋아하십니까?
你最爱听什么样的音乐?
Nǐ zuì ài tīng shénmeyàng de yīnyuè
니 쭈에이 아이 팅 션머양 더 인위에

이 음악은 내가 좋아하는 타입이에요.
这首音乐是我喜欢的类型。
Zhè shǒu yīnyuè shì wǒ xǐhuān de lèixíng
쩌 셔우 인위에 스 워 시후안 더 레이싱

그는 이 음악에 흠뻑 빠졌어요.
她被这首音乐完全迷住了。
Tā bèi zhè shǒu yīnyuè wánquán mízhùle
타 베이 쩌 셔우 인위에 완취엔 미쭈러

클래식음악을 좋아해요, 대중가요를 좋아해요?
你喜欢古典音乐还是流行歌曲?
Nǐ xǐhuan gǔdiǎnyīnyuè háishì liúxínggēqǔ
니 시후안 구디엔인위에 하이스 리우씽끄어취

당신은 음악회에 자주 가세요?
你常去听音乐会吗?
Nǐ chángqù tīng yīnyuèhuì ma
니 창취 팅 인위에후에이 마

당신은 한국 대중음악을 좋아하세요?
你喜欢韩国流行歌曲?
Nǐ xǐhuan Hánguó liúxíngēqǔ
니 시후안 한구어 리우싱끄어취

 Conversation

A: 你喜欢看演唱会吗?
B: 我很喜欢看。

너 콘서트 좋아하니?
너무 좋아해.

또박또박 쓰면서 말해볼까요? >> 말하기 <<

你最爱听什么样的音乐?

这首音乐是我喜欢的类型。

她被这首音乐完全迷住了。

你喜欢古典音乐还是流行歌曲?

你常去听音乐会吗?

你喜欢韩国流行歌曲?

 Unit 06 **그림에 대해 말할 때**

>> 녹음을 듣고 소리내어 읽어볼까요?   듣기

난 이 그림이 너무 좋아요.
我好喜欢这幅画。
Wǒ hǎo xǐhuan zhè fú huà
워 하오 시후안 쩌 푸 후아

저 유화는 작가가 누군가요?
那幅油画的作者是谁?
Nà fú yóuhuà de zuòzhě shì shuí
나 푸 여우후아 더 쭈어저 스 수에이

이 작품은 어느 시대의 것이죠?
这个作品是哪个时代的?
Zhège zuòpǐn shì nǎge shídài de
쩌거 쭈어핀 스 나거 스따이 더

이 작품은 정말 아름답네요.
这个作品真是太美了。
Zhège zuòpǐn zhēnshì tài měi le
쩌거 쭈어핀 쩐스 타이 메이 러

저는 미술품 수집을 좋아해요.
我喜欢搜集美术品。
Wǒ xǐhuān sōují měishùpǐn
워 시후안 써우지 메이수핀

그림을 아주 잘 그리시군요.
你画得真好。
Nǐ huà de zhēnhǎo
니 후아 더 쩐하오

Conversation

A: 看完画展后，有什么感想?
B: 可是我一幅也看不懂。

전시회를 본 소감이 어때요?
하나도 이해하지 못하겠던걸요.

또박또박 쓰면서 말해볼까요? >> 말하기 <<

! 我好喜欢这幅画。

! 那幅油画的作者是谁?

! 这个作品是哪个时代的?

! 这个作品真是太美了。

! 我喜欢搜集美术品。

! 你画得真好。

Unit 07 텔레비전에 대해 말할 때

>> 녹음을 듣고 소리내어 읽어볼까요? 듣기 >>

어떤 텔레비전 프로그램을 좋아하세요?
你喜欢哪些电视节目?
Nǐ xǐhuan nǎxiē diànshìjiémù
니 시후안 나시에 띠엔스지에무

매일 저녁 텔레비전을 보시나요?
你每天晚上都看电视吗?
Nǐ měitiān wǎnshang dōu kàn diànshì ma
니 메이티엔 완샹 떠우 칸 띠엔스 마

전 드라마를 좋아하거든요.
我很喜欢电视剧。
Wǒ hěn xǐhuan diànshìjù
워 흐언 시후안 띠엔스쥐

오늘 저녁에는 무슨 프로그램이 있나요?
今晚播放什么节目?
Jīnwǎn bōfàng shénme jiémù
찐완 뽀어팡 셔머 지에무

지금 방송하고 있는 프로그램은 뭐죠?
现在电视播的是什么?
Xiànzài diànshì bō de shì shénme
시엔짜이 띠엔스 뽀어 더 스 셔머

어젯밤 텔레비전 영화 어땠어요?
昨晚的电视电影怎么样?
Zuówǎn de diànshì diànyǐng zěnmeyàng
쭈어완 더 띠엔스 띠엔잉 전머양

Conversation

A: 今晚播放什么节目?
B: 有电视连续剧《星星在我心》。

오늘 저녁 어떤 프로그램이 방송되나요?
드라마 <별은 내 가슴에>가 있어요.

또박또박 쓰면서 말해볼까요? >> 말하기

- 你喜欢哪些电视节目?

- 你每天晚上都看电视吗?

- 我很喜欢电视剧。

- 今晚播放什么节目?

- 现在电视播的是什么?

- 昨晚的电视电影怎么样?

Unit 08 영화에 대해 말할 때

>> 녹음을 듣고 소리내어 읽어볼까요?   《 듣기 》

영화 좋아하세요?
你喜欢看电影吗?
Nǐ xǐhuan kàn diànyǐng ma
니 시후안 칸 띠엔잉 마

좋아하는 영화배우는 누구죠?
你最喜欢的影星是谁?
Nǐ zuì xǐhuan de yǐngxīng shì shuí
니 쭈에이 시후안 더 잉싱 스 수에이

영화는 몇 시에 시작하죠?
电影几点开始演?
Diànyǐng jǐdiǎn kāishǐ yǎn
띠엔잉 지디엔 카이스 이엔

중국 영화를 좋아하세요?
你喜欢中国电影吗?
Nǐ xǐhuān zhōngguódiànyǐng ma
니 시후안 쭝구어띠엔잉 마

자주 영화 보러 가세요?
你常去看电影吗?
Nǐ chángqù kàn diànyǐng ma
니 창취 칸 띠엔잉 마

영화 보러 갈래요?
去看电影吗?
Qù kàn diànyǐng ma
취 칸 띠엔잉 마

Conversation

A: 你喜欢看电影吗?
B: 是，我真喜欢看电影。

영화 좋아하세요?
예, 전 영화 보는 것을 무척 좋아해요.

>> 또박또박 쓰면서 말해볼까요?   >> 말하기

你喜欢看电影吗?

你最喜欢的影星是谁?

电影几点开始演?

你喜欢中国电影吗?

你常去看电影吗?

去看电影吗?

Unit 09 운동에 대해 말할 때

» 녹음을 듣고 소리내어 읽어볼까요?   듣기

어떤 운동을 좋아하세요?

你喜欢什么运动?
Nǐ xǐhuan shénme yùndòng
니 시후안 션머 윈똥

난 운동을 좋아해요.

我很喜欢运动。
Wǒ hěn xǐhuān yùndòng
워 흐언 시후안 윈똥

난 운동을 별로 안 좋아해요.

我不太喜欢运动。
Wǒ bú tài xǐhuan yùndòng
워 부 타이 시후안 윈똥

어떤 운동을 할 줄 아세요?

你会做什么运动?
Nǐ huì zuò shénme yùndòng
니 후에이 쭈어 션머 윈똥

운동선수이세요?

你是运动员吗?
Nǐ shì yùndòngyuán ma
니 스 윈똥위엔 마

하루에 운동은 얼마나 하세요?

你一天运动量多少?
Nǐ yìtiān yùndòngliáng duōshǎo
니 이티엔 윈똥리앙 뚜어샤오

Conversation

A: 你喜欢打高尔夫球吗?
B: 喜欢是喜欢, 不过打得不太好。

골프를 좋아하십니까?
좋아하긴 하는데 잘 못 칩니다.

또박또박 쓰면서 말해볼까요?

>> 말하기 <<

✏ 你喜欢什么运动?

✏ 我很喜欢运动。

✏ 我不太喜欢运动。

✏ 你会做什么运动?

✏ 你是运动员吗?

✏ 你一天运动量多少?

 **Unit 10 식욕과 맛에 대해 말할 때**

>> 녹음을 듣고 소리내어 읽어볼까요? 듣기

이건 맛이 어때요?
这个味道怎么样？
Zhège wèidào zěnmeyàng
쩌거 웨이따오 전머양

맛 좀 봐요, 맛이 어때요?
你尝尝看，味道怎么样？
Nǐ chángchang kàn, wèidào zěnmeyàng
니 창창 칸, 웨이따오 전머양

맛있어요.
很好吃。
Hěn hǎochī
흐언 하오츠

전 먹는 걸 안 가려요.
我不挑食。
Wǒ bù tiāoshí
워 뿌 티아오스

매운 음식 좋아하세요?
你喜欢吃辣吗？
Nǐ xǐhuan chī là ma
니 시후안 츠 라 마

오늘 음식은 별로예요.
今天没有什么菜。
Jīntiān méiyǒu shénme cài
찐티엔 메이여우 션머 차이

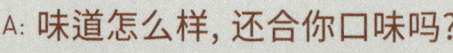
A: 味道怎么样，还合你口味吗？
B: 太咸了，你放了多少盐！
맛이 어때요? 입맛에 맞아요?
너무 짜요, 소금을 얼마나 넣은 거야!

>> 또박또박 쓰면서 말해볼까요?   >> 말하기 <<

✏ 这个味道怎么样?

✏ 你尝尝看, 味道怎么样?

✏ 很好吃。

✏ 我不挑食。

✏ 你喜欢吃辣吗?

✏ 今天没有什么菜。

 대화 연습 PART 06

● 앞에서 배운 대화 내용의 병음입니다. 녹음을 듣고 또박또박 읽어 보세요.

Unit 01 취미에 대해 말할 때

A: Nǐ zhàngfu de àihào shì shénme?
B: Tā duì diàoyú chǎnshēngle xìngqù. Nǐ zhàngfu ne?

Unit 02 여가에 대해 말할 때

A: Zhōumò dàole, nǐ yǒu shénme dǎsuàn?
B: Wǒ xiǎng gēn jiārén yìqǐ qù páshān.

Unit 03 오락에 대해 말할 때

A: Nǐ xiān chàng yìshǒu ba.
B: Wǒ chàng de bù hǎotīng.

Unit 04 책과 신문잡지에 대해 말할 때

A: Nǐ xǐhuan dú shénmeyàng de shū?
B: Wǒ xǐhuan zài dìtiě shàng dú xiǎoshuō.

Unit 05 음악에 대해 말할 때

A: Nǐ xǐhuan kàn yǎnchànghuì ma?
B: Wǒ hěn xǐhuan kàn.

Unit 06 그림에 대해 말할 때

A: Kànwán huàzhǎn hòu, yǒu shénme gǎnxiǎng?
B: Kěshì wǒ yìfú yě kàn bùdǒng.

Unit 07 텔레비전에 대해 말할 때

A: Jīnwǎn bōfàng shénme jiémù?
B: Yǒu diànshìliánxùjù <Xīngxīng zài wǒ xīn>.

Unit 08 영화에 대해 말할 때

A: Nǐ xǐhuān kàn diànyǐng ma?
B: Shì, wǒ zhēn xǐhuān kàn diànyǐng.

Unit 09 운동에 대해 말할 때

A: Nǐ xǐhuan dǎ gāo'ěrfūqiú ma?
B: Xǐhuan shì xǐhuan, búguò dǎ de bú tài hǎo.

Unit 10 식욕과 맛에 대해 말할 때

A: Wèidao zěnmeyàng, hái hé nǐ kǒuwèi ma?
B: Tài xián le, nǐ fàng le duōshao yán!